零基础学
采购实务一本通

邱云生◎编著

中国铁道出版社有限公司
CHINA RAILWAY PUBLISHING HOUSE CO., LTD.

图书在版编目（CIP）数据

零基础学采购实务一本通/邱云生编著. —北京：中国铁道出版社有限公司，2024.3
ISBN 978-7-113-30847-6

I.①零… II.①邱… III.①采购管理 IV.①F253.2

中国国家版本馆CIP数据核字（2024）第001097号

书　　名：	零基础学采购实务一本通
	LING JICHU XUE CAIGOU SHIWU YI BEN TONG
作　　者：	邱云生

责任编辑：	王　宏	编辑部电话：（010）51873038	电子邮箱：17037112@qq.com
编辑助理：	宋　川		
封面设计：	宿　萌		
责任校对：	刘　畅		
责任印制：	赵星辰		

出版发行：中国铁道出版社有限公司（100054，北京市西城区右安门西街8号）
印　　刷：三河市兴达印务有限公司
版　　次：2024年3月第1版　2024年3月第1次印刷
开　　本：710 mm×1 000 mm　1/16　印张：13.5　字数：199 千
书　　号：ISBN 978-7-113-30847-6
定　　价：69.80 元

版权所有　侵权必究

凡购买铁道版图书，如有印制质量问题，请与本社读者服务部联系调换。电话：（010）51873174
打击盗版举报电话：（010）63549461

前言

在市场中，企业的经营活动绝对少不了采购。采购部门的重要工作内容就是为企业购进生产所需的原材料或零配件，同时还要兼顾企业其他经营所需的物资，如办公用品、生产设备。也就是说，采购部门对企业的各种"购买"行为进行了整合，其作用是企业不能忽视的。

然而，要做好采购工作并不容易，不仅是因为企业日常采购业务繁多，而且采购部门要负责为企业降低采购成本，这就要求采购人员具有一定的采购技能，能够帮助企业有效地节省采购成本。

但实际情况却是整个经济市场中都缺乏能为企业降低采购成本的采购人才，大多数采购人员只能在工作时循规蹈矩地完成采购任务，不能用较低的成本为企业买到质量较好的材料。

因此，要做好企业的采购工作，需要从采购人员的技能培养入手，为企业培养出素质高、能力强的采购人才，提高采购人员的工作效率和工作能力，同时为企业降低采购成本助益，帮助企业发展壮大经营目标。本书就是基于如今企业采购工作现状和人才需求情况下编写的。

全书共7章，可大致划分为三部分。

第一部分为第1章，这部分介绍了采购基本流程、采购人员职责、采购与财务的关系及采购工作需要注重的质量问题等内容，可了解大致的采购流程和工作职责。

第二部分为第2～6章，这部分从货源管理、采购计划和采购预算、采购模式、采购谈判及采购成本控制等角度入手，帮助读者详细了解企业采购工作的具体内容。

第三部分为第 7 章，这部分从采购流程管控的角度介绍采购工作，包括签订采购订单、签订采购合同、进行交期管理及完成订单结算等内容。

本书语言简洁精练、通俗易懂，简化理论知识的叙述，注重方法和技巧的实用性，将采购工作以清晰明了的步骤图展示出具体的执行过程。书中内容不仅适合从事采购工作的初学者参考学习，还适合想要在采购工作方面进行深造的相关专业人员学习使用。

书中涉及的相关模板的电脑端下载地址及移动二维码：

http://www.m.crphdm.com/2024/0126/14681.shtml

最后，希望所有读者都能从本书中获益，最终成为一名优秀的采购工作者。由于编者能力有限，对于本书内容不完善的地方希望获得读者的批评指正。

目录

第1章 新手起步：采购知识快速入门

1.1 采购基础认知 2
    1.1.1 基本的采购流程不能乱 2
    1.1.2 采购方式有哪些 5
    1.1.3 正确认识并处理与其他部门的关系 6

1.2 采购人员知多少 7
    1.2.1 身为采购人员的专业优势在哪里 7
    1.2.2 了解不同采购岗位的任职资格和岗位职责 9
    1.2.3 像销售一样做采购 11
    1.2.4 采购人员的绩效考核 12
        范本展示 企业采购部月度绩效考核表 12

1.3 采购人员必懂的财务知识 14
    1.3.1 价格并没有那么简单 14
    1.3.2 有买卖，就有成本 16
        应用示例 选择合适的供应商降低采购成本 16
        应用示例 涉及费用和成本分摊的采购成本的核算 17
    1.3.3 学会利用采购的利润杠杆效应 18
        应用示例 理解利润杠杆效应在采购中的作用 18

1.4 业在于精，质量是产品的灵魂 19
1.4.1 有标准地进行采购 19
1.4.2 质量控制是采购人员的必备素质 21
1.4.3 检验质量的方式 23
1.4.4 质量保证协议，给产品质量加把锁 28
范本展示 某质量保证协议中关于检验方法的内容 28
范本展示 某质量保证协议中关于技术支持的内容 29
范本展示 某质量保证协议中关于信息沟通的内容 29
范本展示 某质量保证协议中关于违约事项条款的内容 29
范本展示 某质量保证协议中关于其他条款的内容 31
1.4.5 如何处理退换货 31

第 2 章 货源管理：供应商的开发与管理

2.1 选对供应商能免去很多后顾之忧 34
2.1.1 供应商是资源还是对手 34
应用示例 家乐福和雀巢之间的 VMI 合作 34
2.1.2 供应商开发应遵循的流程 35
2.1.3 多层次、多渠道地寻找供应商 37
2.1.4 面对多个供应商时，如何选择 38
范本展示 供应商基本信息表 39
范本展示 供应商自我评估表 40
范本展示 供应商评估表 41
2.1.5 制造商还是中间商 42
2.1.6 学会评价不同的供应商 44
范本展示 供应商评价表 46

2.2 监督供应商，保证交货的及时性 47
2.2.1 双向沟通，让信息交换更充分 47
2.2.2 督促供应商做好交货工作 48

　　　　范本展示 采购需求更改通知单 49
　　　　范本展示 交货期变更联络单 50
　　　　范本展示 采购进度控制表 51
　　　　范本展示 催货通知单 52
　　　　范本展示 采购跟催表 52

2.3 供应商也需要考核和激励 53

2.3.1 供应商的考核怎样实施 53
　　　范本展示 供应商考核表 53

2.3.2 给予激励，增加供应商黏性 54

2.4 供应商还需要后续管理 55

2.4.1 对供应商进行履约管理 55
　　　范本展示 供应商履约评估反馈表 56

2.4.2 供应商的分类管理 56

2.4.3 如何解决垄断供应商 58

2.4.4 如何应对强势供应商 59

第 3 章　稳扎稳打：采购计划和采购预算

3.1 做好计划和预算，让采购更有准备 62

3.1.1 先确定需求，再制订计划 62
　　　范本展示 采购需求确认表 63

3.1.2 制订计划前需要明确计划要素 63

3.1.3 制订采购计划的规范流程 64
　　　范本展示 采购计划表 65

3.1.4 什么样的预算是有效的预算 65

3.1.5 编制预算的要点及流程 66

3.1.6 采购预算的编制方法 69

3.2 采购量的确定要考虑库存 ... 72

3.2.1 库存周期是决定采购量的一个因素 ... 72
3.2.2 把握零库存和适当库存 ... 73
应用示例 如何确定安全库存量 ... 74
3.2.3 采购量计算的五种方法 ... 75
3.2.4 实施 JIT 采购降低成本 ... 80

3.3 有生产目标才能更好地计划采购 ... 81

3.3.1 研究下一阶段的生产计划 ... 82
应用示例 如何通过生产计划制订采购计划 ... 82
3.3.2 确定采购项目 ... 83
应用示例 水泥生产企业的采购项目的确定 ... 83

第 4 章 选择模式：模式不同策略不同

4.1 采购询价，简单易行 ... 86

4.1.1 做好询价前的准备工作 ... 86
范本展示 报价对比表 ... 88
范本展示 价格对比表 ... 88
4.1.2 询价采购的六个注意事项 ... 89
应用示例 定牌采购给企业带来的不利影响 ... 90
4.1.3 采购人员进行技巧性询价 ... 91
4.1.4 熟练处理供应商的报价 ... 92
应用示例 采购人员处理供应商的报价 ... 93
4.1.5 两份相同报价如何取舍 ... 94
应用示例 采购人员如何取舍供应商的报价 ... 94

4.2 招标采购，公开又公正 ... 96

4.2.1 认识招标采购的不同类型 ... 97
4.2.2 招标采购要严格控制流程 ... 100

  4.2.3 学会判断投标人的不合法投标手段 102

  4.2.4 招标采购时企业应注意的问题 106

4.3 其他采购模式须知 107

  4.3.1 集中采购 107

  4.3.2 分散采购 110

  4.3.3 电子商务采购 111

第 5 章 达成共赢：采购谈判的开展与策略

5.1 先准备，再谈判 115

  5.1.1 采购谈判要做好准备工作 115

  5.1.2 采购谈判要谈哪些内容 116

  5.1.3 一般采购谈判需要经过的流程 117

5.2 组织与实施采购谈判 119

  5.2.1 组建专业的采购谈判小组并确定谈判地点 119

  5.2.2 做好谈判双方的形势分析 121

  5.2.3 制订初步的采购谈判策略 124

  5.2.4 SWOT 分析法在采购谈判活动中的运用 126

  5.2.5 掌握价格磋商的常用方法 130

  5.2.6 牢记议价时需要注意的问题 132

  5.2.7 谈判中要避免这些事项 133

5.3 采购谈判大技巧 134

  5.3.1 如何才能做到开局制胜 134

  5.3.2 谈判陷入僵局怎么处理 139

5.3.3　懂得利用谈判对手的性格弱点 140
应用示例 以静制动应对能说会道的谈判对手 141
应用示例 以柔克刚应对顽强固执的谈判对手 142
应用示例 适当"装糊涂"应对深藏不露的谈判对手 143

第6章　扩大效益：采购成本有效控制

6.1　做好采购成本控制，提高效益 146
6.1.1　采购成本的认识误区 146
6.1.2　易被忽视的采购成本 148

6.2　降低采购成本的常规方法 150
6.2.1　经济订货批量控制总体成本 150
应用示例 利用经济订货批量控制采购成本 150
6.2.2　定量采购法有效减少采购物资的浪费 151
应用示例 通过确定再订货点来控制采购成本 152
6.2.3　定期采购法减少运输和盘点费用 153

6.3　降低采购成本的其他技巧 154
6.3.1　产品设计之初优化选材 154
6.3.2　加强成本核算 155
6.3.3　直接有效的压价技巧 157
6.3.4　如何控制电商的采购成本 158

第7章　流程管控：采购签单与后续跟进

7.1　签订订单，跟踪进度 161
7.1.1　待请购确认后准备订单 161
范本展示 采购订单 162

7.1.2 订单签订前后要做好跟踪反馈 164
　　　　范本展示 采购订单跟踪流程细则 165
　　7.1.3 对所购物料进行交货控制 168
　　7.1.4 建立明确的物料验收管理规定 169
　　　　范本展示 物料验收入库管理制度 170

7.2 采购签约，达成供需合作关系 171
　　7.2.1 合同签订需要完成哪些步骤 171
　　7.2.2 严格审核，保证合同的有效性 173
　　7.2.3 如何保证合同的履行 176
　　7.2.4 合同需要修改应该如何处理 178
　　　　范本展示 ××合同补充协议 178
　　　　范本展示 ××合同变更协议 179
　　7.2.5 解除合同应该如何操作 180
　　7.2.6 管理合同，规避风险 182

7.3 进行交期管理，提高采购效率 187
　　7.3.1 适当地进行交期控制 187
　　7.3.2 交期延误的处理 188
　　7.3.3 建立完善的交期管理制度 189
　　　　范本展示 采购交期管理制度 190

7.4 订单结算，银货两讫 191
　　7.4.1 结算前要先验收货物 191
　　　　应用示例 采购方不注重验货时间而遭受经济损失 192
　　7.4.2 确定最适合的结算方式 197
　　7.4.3 先对账，再付款结算 199
　　　　范本展示 采购收货对账单 200
　　7.4.4 结算工作最终需要落到实处 200

第1章

新手起步：采购知识快速入门

　　学采购，究竟需要学些什么？为了快速入门，我们需要先知道采购的基本流程，采购人员的工作职责，作为采购员需要懂得的财务基本知识，以及作为采购员一定要注重的货物质量标准和检测方法等。这样才能为采购实务的后续工作打好基础，确保顺利完成。

1.1 采购基础认知

采购工作与其他岗位的工作一样，具有其自身的专业性，在职责、工作内容和工作方式上都有与其他工作不同的要求。而且，采购工作的顺利完成，需要其他部门和人员不同程度的配合和协作。因此，除了了解采购本身之外，还需要理清采购部门和其他部门的关系。

1.1.1 基本的采购流程不能乱

要顺利完成一项采购工作，采购人员必须要了解采购的整个流程，并在此基础上把握好每个环节、每处细节，这样才能做好本职工作。

采购的具体流程设置会因为企业的状况和岗位情况的不同而有所差异，但一般情况下，企业采购的基本流程如图 1-1 所示。

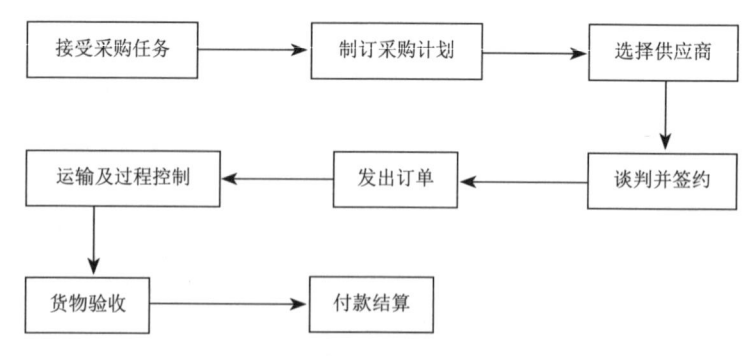

图 1-1 企业采购的基本流程

下面来看看图中的每一个环节的具体内容。

（1）接受采购任务

接受采购任务是采购流程的第一步。采购任务一般由采购部门领导根据企业的采购需求进行分派，或根据部门采购计划进行安排。

（2）制订采购计划

采购计划一般是采购人员根据接受的采购任务制订的，是对采购任务的分解和进一步明确。一个完整的采购计划应包括商品名称、规格型号、采购数量、价格和费用、计划到货日期和验收标准等要素。

（3）选择供应商

供应商即采购物品的来源，应根据采购任务内容选择合适的供应商。具体来说，采购的目标产品、规格型号及价格都要与供应商相匹配，同时，供应商的生产或供给能力也要满足采购需求。

（4）谈判并签约

选择好供应商之后，需要就采购价格、结算方式、交货日期、采购数量及违约事项等要素与供应商进行谈判，在双方就所有合同要素都达成一致之后，签订正式的采购合同。

（5）发出订单

与供应商完成签约之后，采购人员就可以针对采购事项向供应商发出正式订单，供应商根据订单准备货物或进行生产。订单的内容必须详细具体，应包括采购产品名称、规格型号、颜色、大小、数量、质量、产品说明、采购价格、交货期限、付款方式和交货地址等要素。

（6）运输及过程控制

运输一般由供应商负责，并在备齐采购货物之后，交货日期之前进行。在这个过程中，采购人员的主要职责是对运输过程进行控制，保证采购货物准时、及时交付。

（7）货物验收

货物验收是采购的关键环节，直接关系着采购质量。供应商将货物送达之后，采购人员需要配合仓管人员依据一定的质量检验标准，对货物的品质、数量、规格型号等各个要素进行审查，审核结果与采购任务要求一致方可进行验收，否则应退回给供应商，直至合格为止。

（8）付款结算

货物验收完成之后，采购人员需要将采购过程中产生的各类票据和订单提供给企业财务部门，以便财会人员及时做账，出纳人员按约定向供应商完成采购货款的结算。

从企业内部来看，采购业务流程又有所不同，以下为某企业内部的具体采购业务流程，如图1-2所示。

```
请购部门填写          采购部门审核          企业负责人审批
采购申请单    →                   →
                                            ↓
订单订购      ←    议价签约      ←    采购人员询价
    ↓
仓管人员填写入库单    采购人员进行
进行入库            →   付款申请
```

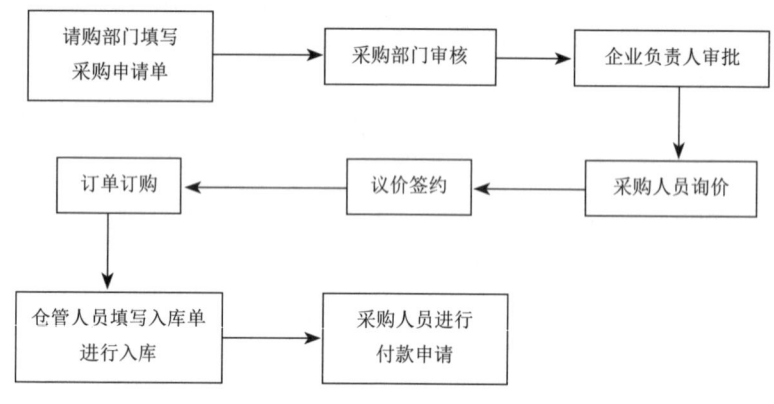

图1-2 企业内部采购业务流程

依据以上流程，该企业还对流程的每个环节实施了具体的控制手段，具体内容见表1-1。

表1-1 企业内部采购流程控制

流　　程	控制措施说明
请购部门填写采购申请单	请购部门填写的申请单一定要保证内容完整、描述准确，否则会因通不过采购部门的审核而被退回
采购部门审核	采购部门应首先将请购产品与库存进行核对，看是否需要进行采购。经审核确需采购的，应对请购部门的申请单内容进行审核，审核要素主要为申请单内容填写是否完整无误，各项描述是否准确
企业负责人审批	企业负责人主要以采购申请单和采购部门的审核意见为依据，对采购事项进行最终审核，决定是否可以采购

续上表

流　程	控制措施说明
采购人员询价	采购事项经过负责人审核后，采购人员就要对采购事项向供应商进行询价。在这个过程中，应要求供应商在规定时间内给出报价，以保证询价的时效性。此外，还应保证供应商给出的报价单所有要素与采购要素完全一致
议价签约	若询价的供应商有多家时，采购人员应将所有报价情况向部门领导汇报，选择最终的供应商，并完成签约
订单订购	签约完成后，采购人员应依据采购内容制作标准的订单，正式向供应商发出订购通知
仓管人员填写入库单进行入库	货物到达之后，仓管员根据采购申请单和实际到货进行核对，根据验收结果填写入库单，自留一份，其余分别交由采购部门和财务部门登记入册
采购人员进行付款申请	验收合格后，采购人员应填写付款申请单，经部门负责人审批、会计人员核账、企业负责人审批及财务部门负责人同意后，由出纳人员进行付款

1.1.2　采购方式有哪些

采购方式是采购的具体实施形式，方式不止一种，不同企业、不同的采购目的和内容决定了不同的采购方式。采购方式一般由采购人员确定，采购部门负责人及企业负责人审批。具体来说，采购的方式及其适用的条件见表 1-2。

表 1-2　不同采购方式及其适用条件

方　式	含　义	适用条件
招标	分为公开招标和邀请招标。公开招标是企业以招标公告的方式确定报价方式、品质、投票手续、运输和交货日期等要素，邀请不特定的厂商投标；邀请招标，是企业以投标邀请书的方式邀请特定厂商投标	公开招标适用于供应商较多且分布范围广，以及与过去的采购项目完全不相关的情况；邀请招标适用于只有少数几家潜在投标人可供选择，或公开招标费用高于招标项目价值，是不值得公开招标的小型项目的情况
议价	与少数或个别供应商直接进行面对面地讨价还价	适用于以个别邀约方式请少数供应商报价或只有个别供应商能满足所需采购条件的情况

续上表

方式	含义	适用条件
询价	采购人员向3个以上供应商发出询价通知,在满足采购需求、保证采购质量的前提下,选择价格最优惠的供应商的方式	适用于技术标准和规格统一的现成货物和服务,且供应市场成熟,货源充足,单价相互差别不大的情况
比选	采购人员公开发出采购信息,邀请多个供应商进行报价并提供实施方案,最终择优选择供应商的方式	适用于金额较小,达不到招标采购标准,或时间紧迫,具有公开性要求,既要对比价格,又要对比供应商实力的情况
磋商	也叫竞争性谈判,是指采购人员同时向多家供应商发出谈判文件,通过报价、还价和承诺等环节确定采购要素,最终以价格最优的原则确定供应商的方式	适用于受采购时间、技术标准和市场范围等因素限制,采购供应双方彼此了解不够充分的情况
单一来源采购	也叫直接采购,是采购人员直接向唯一的供应商进行采购的方式	单一来源采购方式下采购方处于不利地位,仅适用于紧急采购和需采购的物品只能由特定供应商提供且没有其他选择或替代的情况

1.1.3 正确认识并处理与其他部门的关系

采购作为企业内部的一个部门和工作岗位,不能独立存在,一项采购任务的完成,需要多个部门的配合和协调。因此,采购人员必须正确认识和其他部门的关系,并协调好各方关系。

下面具体讲解采购部门与其他几个重要部门的关系,以及采购人员应该怎样来维护和协调。

（1）采购与生产部门的关系

生产部门是采购最重要的内部客户。一方面,采购以生产部门提交的采购需求为基础,制作并交付采购订单,按照采购流程完成采购,以满足生产部门的生产需求。另一方面,采购的质量决定生产的质量,采购的交付日期决定生产能否如期进行。

因此，双方相互制约和影响，必须协同合作，对生产和采购计划中的变动进行及时沟通，适时调整，才能对双方都有利。

（2）采购与品质部门的关系

品质部门是企业负责商品质量把控的部门。在采购工作中，采购人员应与品质部门实现事前的充分沟通，了解品质标准，以保证采购产品的合格性。同时，品质部门负责产品检验并将检验结果告知采购人员。此外，由于采购人员直接与供应商接触，因此能帮助品质部门建立一套针对供应商品质的评价标准。

（3）采购与财务部门的关系

财务部门是采购人员完成采购任务必须接触的部门之一。财务部门负责采购款项的支付结算，采购人员需要充分了解付款申请的条件，向财务部门提供完整资料，以完成付款。同时，财务部门的账务负担能力又会影响采购工作的开展。

1.2　采购人员知多少

采购作为一个工作岗位，有明确的岗位要求和晋升机制，也有其自身的岗位特点。采购人员只有充分了解这些内容，才能真正做到对采购工作负责，对自己负责。

1.2.1　身为采购人员的专业优势在哪里

任何工作都要求岗位人员具备一定的专业能力，采购也一样。要做好采购工作，采购人员就必须满足采购岗位对其专业能力的要求。由于采购工作还需要协调内外部各方的关系，因此，这要求采购人员要有较强的综合能力。具体来说，采购人员需具备以下知识和能力。

(1) 业务基础知识

采购人员必须具备的业务知识主要包括商品知识（包括商品品质、用途、成本和功能等方面）、购销谈判知识和合同知识等。只有对所需采购的产品有充分认识，才能保证采购质量和有效性；丰富的购销谈判知识可以帮助采购人员向供应商争取尽可能低的采购价格；掌握一定的合同知识才能对合同条款的公平性和有效性做出有效审核，才能维护自身和企业的合法利益。总之，只有掌握了基础的业务知识，才能履行好采购岗位的基本职责。

(2) 分析能力

具有较强分析能力的采购人员可以将一个看似不具体的采购任务细化成可实施的采购工作，同时还能结合市场状况、市场中消费者的需求及供货商的销售心理等要素分析采购任务的可行性和效益，使采购产品与需求相符。此外，采购人员还应具有对采购产品的成本进行准确分析的能力。

(3) 沟通协作能力

采购任务的完成离不开内外部的协作。在企业内部，采购人员需要和生产部门、品质部门及财务部门等进行沟通；在企业外部，采购人员需要和不同的供应商进行沟通协作，以保证采购事项的顺利进行，所以采购人员还需具备一定的沟通协作能力。

(4) 表达能力

表达能力是影响沟通效果的直接和关键因素。不管是内部沟通，还是外部沟通，在表达过程中都要准确，否则可能因表达错误或存在异议影响整个采购工作的进行。特别是与供应商沟通时，若采购人员对产品规格、数量、要求和交货期限等表达不清，就会直接影响整个交易。

1.2.2 了解不同采购岗位的任职资格和岗位职责

采购部门有不同的岗位，采购人员要在采购行业中长期发展，就要知道企业内部的岗位设置和晋升机制，据以做好自己的职业规划。通常来说，采购部门的人员设置会经历"采购专员→采购主管→采购经理→采购总监助理→采购总监"的过程。不同企业对具体岗位的命名可能会有所不同。

下面就来了解一下，不同采购岗位的任职资格和岗位职责是怎样的，便于采购人员明确要想获得晋升需要满足什么样的条件，并为此承担什么样的责任，见表 1-3。

表 1-3 不同采购岗位的一般任职资格及岗位职责

岗 位	任职资格	岗位职责
采购专员	1. 大专及以上学历 2. 采购管理、物流管理或贸易等相关专业 3. 熟悉整个采购流程 4. 能独立进行分析和解决采购过程中出现的各种问题 5. 良好的逻辑和沟通协作能力 6. 一定的产品知识储备 7. 较强的学习能力 8. 熟练使用办公软件 9. 掌握与采购相关的法律法规知识	1. 按照采购任务和采购需求制订并下达采购计划 2. 负责采购任务的具体实施及过程中的所有事项 3. 协调采购过程中企业内部各部门的关系 4. 与供应商保持良好关系 5. 定期进行库存分析，合理控制库存 6. 了解物料的市场行情和价格变动情况
采购主管	1. 大专及以上学历 2. 采购管理、物流管理或工商管理等相关专业 3. 熟悉供货商供货渠道及操作模式 4. 较强的谈判能力 5. 掌握合同管理知识 6. 具备把控产品质量的能力 7. 有识别和选择不同供应商的能力 8. 具备成本控制能力 9. 具备管理、决策和沟通能力	1. 选择和评估供应商 2. 为采购专员安排采购任务 3. 负责采购部门各项工作的具体实施 4. 审核采购申请单 5. 控制采购质量 6. 寻找和开发新的供应商渠道 7. 指导采购专员开展工作 8. 协助采购经理的工作

续上表

岗　位	任职资格	岗位职责
采购经理	1. 本科及以上学历 2. 很强的管理、沟通、协调及风险管理能力 3. 丰富的采购经验和知识 4. 很强的谈判能力 5. 熟悉产品质量评价标准 6. 很强的决策和判断能力 7. 3年以上采购工作经验	1. 制定采购部门相关制度 2. 制订采购部门的总体计划 3. 全面协调部门内的各项工作 4. 部门内人员岗位和工作分配 5. 控制部门工作进度，把握工作质量 6. 考核采购主管和采购专员 7. 向上级汇报部门工作，反馈工作难点
采购总监助理	1. 本科及以上学历 2. 采购类、管理类、物流类以及相关专业 3. 5年以上工作经验 4. 熟悉供应链管理 5. 熟悉不同的供应商渠道 6. 很强的成本控制能力	1. 协助采购总监完成各项工作 2. 协助采购总监管理供应链 3. 协助采购总监拟订采购计划，进行成本控制 4. 进行供应商渠道开发 5. 其他
采购总监	1. 本科及以上学历 2. 管理类或采购管理类相关专业 3. 极强的管理和决策能力 4. 5年以上采购工作经验 5. 3年以上采购管理工作经验 6. 熟悉供应链的管理和供应商渠道的开发 7. 极强的协调和统筹能力	1. 全面把控采购部门所有工作 2. 对采购总监助理、采购经理、采购主管和专员等进行最终考核 3. 审核部门内的各项工作制度并审批各事项 4. 优化部门工作流程，控制成本，实现采购效益最大化 5. 对部门内岗位调动和晋升出具意见等

　　采购人员需要注意的是，表1-3中所列举的各采购岗位的任职资格和岗位职责只能作为一个参考，因为每个企业在实际运营中因企业性质和业务方向等因素的影响，对采购人员的要求或多或少会有差异。

　　但是，只要采购人员根据企业和部门的具体要求，从专业、经验和能力等各个方面去不断学习和积累，就一定能胜任自己的岗位工作，完成领导布置的采购任务。

1.2.3 像销售一样做采购

对于大多数行业来说，客户都是其赖以生存的基础。实施采购工作也不能脱离了客户的需求，因为采购不是最终目的，采购后生产制造并销售获得盈利才是企业的最终目的。

"像销售一样做采购"，就要求采购人员保持"以客户为中心"的工作心态，尽可能地维护客户的利益，从而更好地维护企业和自身利益，做好采购工作。

采购人员的最终工作对象是顾客，但是，企业性质和业务类型不同、岗位不同，客户对象也会有区别。

对采购人员来说，其客户对象有多个。比如，在企业内部，所采购产品的需求部门是采购人员的客户；在企业外部，所有产出的产品的销售对象是采购人员的间接客户。另外，也可以将供应商看作是采购人员的一类外部客户。

因此，采购人员要想做到"以客户为中心"，就需要充分考虑内外部所有客户的需求。以内部需求部门的实际需要为中心，可以使采购的产品或原材料真正满足其生产或销售需要；以产品销售对象的需求为中心，就会充分考虑采购的质量和时效，从而真正为客户提供保质、保量、保时的产品；考虑到供需双方的长期合作，就会充分协调双方的关系，以使双方互惠互利。

相反，如果做不到"以客户为中心"，特别是不顾及产品销售对象（即购货方）的利益，那么不仅对采购人员的工作不利，还会给企业带来不可挽回的损失。

可以毫不夸张地说，企业的生存发展及长期繁荣全都依赖于客户。没有客户的信赖，企业将难以在市场上生存、立足，更别说员工个人在工作中得到发展。

因此，无论何时，采购人员都要谨记"以客户为中心"的工作理念，尽可能地维护客户利益。这也是维护自身利益和企业利益的有效方法，因为这不仅是对企业和客户负责，更是对采购人员自己负责，是自身职业素养的体现。

1.2.4 采购人员的绩效考核

没有考核就没有判断依据。绩效考核是部门领导和企业衡量员工工作业绩的手段，同时，绩效考核结果往往与各部门员工的绩效收入直接挂钩。采购人员的工作能力和工作质量的考核以及工资高低也都与绩效考核相关，直接影响其切身利益。

但不同企业对采购人员的要求侧重点不同，其考核指标也会有所差异，企业需要根据自身经营发展情况，制定相应的考核机制。表1-4所示为某企业采购部门的绩效考核表。

范本展示 企业采购部月度绩效考核表

表1-4 企业采购部月度绩效考核表

指标类型	关键业绩指标（KPI）	权　重	考核依据	得　分
财务指标	采购成本控制	10%	实际成本率	
	应付账款的准确性和及时性	5%	差错率和延误次数	
	采购计划完成情况	10%	实际完成率	
	大宗采购任务完成情况	10%	实际完成率	
	采购不合格次数	5%	质量不合格次数	
	采购退货次数	5%	退货次数	
	采购交货期延误次数	10%	交货期延误次数	
	开发新供应商的情况	5%	新供应商的数量	
	未及时处理采购问题的次数	5%	未及时处理的次数	
	企业内部其他部门投诉次数	5%	内部投诉次数	
	上级领导满意度	5%	满意度调查	

续上表

指标类型	关键业绩指标（KPI）	权 重	考核依据	得 分
学习成长指标	自主提高业务技能的能力	5%	计划完成情况	
	部门工作完成情况	5%	书面报告	
内部运营指标	就岗位工作提出建议的次数	5%	提交书面材料	
	工作资料保存完整性	5%	档案管理制度	
	工作态度和操守	5%	玩忽职守、违规操作次数	
合 计		100%		
修改调整情况				
被考核人签名：		考核人签名：		

针对范本中展示的考核指标，企业内部的考核流程如图1-3所示。

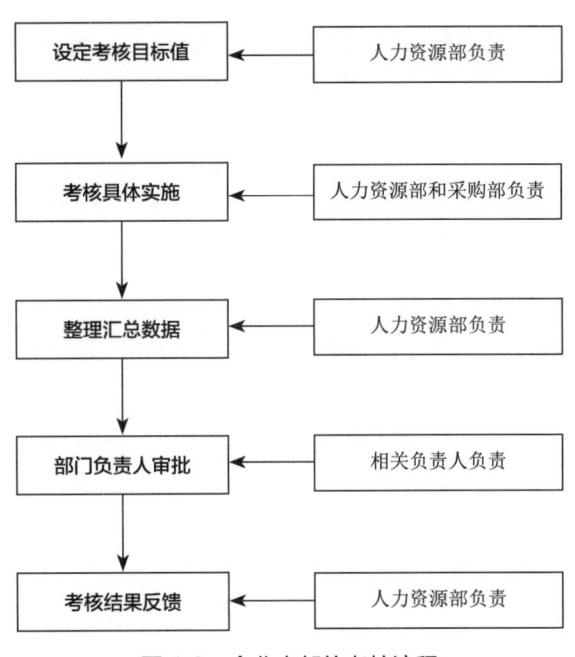

设定考核目标值 ← 人力资源部负责

考核具体实施 ← 人力资源部和采购部负责

整理汇总数据 ← 人力资源部负责

部门负责人审批 ← 相关负责人负责

考核结果反馈 ← 人力资源部负责

图1-3　企业内部的考核流程

1.3 采购人员必懂的财务知识

与财务有关的内容在日常生活和工作中随处可见，小到平时生活中买卖商品的资金收付，大到企业经营过程中的成本核算和控制，都属于财务范畴，只是简单和复杂的区别。

而在采购人员的工作中，也或多或少会涉及相关的财务知识，若对其没有了解，就不能及时准确地处理与财务有关的工作，从而影响采购人员的工作，甚至导致部门和企业负责人对采购人员的能力产生怀疑。

1.3.1 价格并没有那么简单

采购人员的工作会涉及采购价格的谈判，但很多人都不知道采购价格的具体内容，而仅仅将其当作一个纯粹的数字看待，尤其是初入门的采购人员，更是对其知之甚少。

从其含义上来看，采购价格是企业或采购人员在进行具体采购事项时，与供应商之间通过询价、议价或谈判等方式确定的所需采购的物品和接受服务的价格。采购价格受多方面因素影响，具体来说主要有以下一些方面。

①供应商成本的高低，一般与采购价格成正比关系。

②规格与品质，一般与采购价格成正比关系。

③采购物品的供需关系，若其他因素不变，则供过于求，采购价格低；供不应求，采购价格高。

④生产季节与采购时机，在生产季节进行采购，则价格相对较低，反之价格较高。

⑤采购数量也会影响采购价格，通常来说，采购数量越多，越容易争取折扣和优惠，价格越低。

⑥交货条件，交货条件限制越多，价格越高，反之越低。

⑦付款条件，付款条件越宽松，价格越低，反之越高。

采购价格并非只有一个，不同交易条件可能对应不同的采购价格种类，采购人员必须准确判断。常见的采购价格类型见表1-5。

表1-5 采购价格类型

类型	概述
送达价	又称为到厂价,是指采购价格中不仅包括采购产品或服务的价格,还包括运送产品时产生的各种费用,该价格常用于国内采购商向国外供应商采购产品。此时,送达价即是到岸价加上在出口厂商所在地至港口的运费和货物抵达买方之前的一切运输保险费的总和,其他费用有进口关税、银行费用、利息以及报关费等
出厂价	与送达价相反,出厂价中不包含运输过程中的任何费用,供应商也不承担运送责任。该价格通常用于采购商拥有运输工具或供应商加计的运费偏高,或处于卖方市场,供应商在交易上处于有利地位,不再向采购方提供免费的运送服务
现金价	即现金交易的价格,是指以现金或相等的方式支付货款,即"一手交钱,一手交货"。这种交易方式并不常见,零售行业通常的交易习惯为月初送货、月中付款,或月底送货、下月中付款,也视同为现金交易,并不加计延迟付款的利息 采用现金交易可使供应商规避交易风险,采购企业也可因此享受现金折扣。例如,供需双方的交易条件为"2/10,N/30",即表示10天内付款可享受2%的折扣,30天内必须付款
期票价	指采购企业以期票或延期付款的方式来采购产品,此时供应商通常将延迟付款期间产生的利息加计在商品售价中。将货款加计利息变成期票价,可以用贴现的方式计算价格
净价	是指供应商实际收到的货款,不包含交易支付过程中产生的任何费用,供应商通常会在报价单条款中写明
毛价	是指当采购企业满足某些条件时,供应商可以进行报价折让。例如,面对大量大额采购时,给予一定百分比的折扣
合约价	是指买卖双方按照合同或协议约定的价格进行交易,合约价涵盖的期间与合约签订的期间一致 但有时由于合同约定时间与实际交易时间有一定差异,因此以合约价交易往往会发生合约价和现货市场价不一致的情况,且时差越大,价格差异的可能性也越大。此时,交易双方就可能因此而产生利益冲突。为了控制这类风险,就必须保证合约价有客观的计价方式或定期修订,这样才能维持公平、长久的买卖关系
现货价	是指每次交易时,由买卖双方重新议定价格,若签订了合同,则在完成交易后即告终止 现货价是目前市场经济交易中使用最为频繁的一种采购价格,该交易价格下,双方可以根据实时的行情确定具体价格,规避了在签订合同后因行情或市场变化导致价格变动而给交易双方带来不利影响的风险,维护了双方的利益
定价	买卖双方约定的价格,可能是合约定价,也可能是口头定价
实价	是指采购企业实际支付的价格。很多供应商为了达到促销的目的,通常会向采购方提供各种优惠条件,如数量折扣、免息延期付款、免费运送,这些优惠都会降低采购企业的采购价格

1.3.2 有买卖，就有成本

很多采购新人会直接将采购成本和采购价格画上等号，认为采购成本就是指采购价格。但实际上，采购价格只是采购成本的一项构成要素，是成本的主要部分，但不是全部。大多数人对于采购成本都存在一些认识误区，集中表现在以下三个方面。

①误区一：采购成本就是采购价格，越低越好。

②误区二：进行成本管理就是谈判和压价。

③误区三：供应商的成本不清楚，我们只能货比三家。

要走出采购成本认识误区，就要知道成本的具体构成要素。通常来说，采购成本由采购价格、相关税费、运杂费（包括运输费、保险费、包装费和装卸费）及其他应计入采购成本的费用构成。

其中，相关税费通常指采购过程中发生的增值税，而供应商的企业类型不同，采购过程中产生的增值税额也会不同，因此采购人员需要懂得怎样通过选择合适的供应商类型来合理减少税费，降低采购成本。下面来看一个案例。

应用示例 选择合适的供应商降低采购成本

某服装生产企业为增值税一般纳税人，适用增值税税率13%，预计每年可实现含税销售收入500.00万元，同时需要外购棉布150吨。

现有A、B两个供应商，其中A为生产棉布的一般纳税人，能够开具增值税专用发票，适用税率13%，B为生产棉布的小规模纳税人，适用征收率3%，能够委托主管税务局代开增值税征收率为3%的专用发票，A、B两个供应商提供的棉布质量相同，含税价格也相同，均为1.50万元/吨。此时，采购人员就可根据两者的区别，选择采购成本较低的供应商。

从A、B两个企业采购棉布的采购成本的计算如下。

①从A供应商处采购，获取增值税专用发票，进项税额可以抵扣，不计入所采购原材料的成本。

$$采购成本 = 150 \times 1.50 \div (1+13\%) \approx 199.12（万元）$$

②从B供应商处采购，获取增值税专用发票，进项税额可以抵扣，不

计入所采购原材料的成本。

$$采购成本 =150 \times 1.50 \div (1+3\%) \approx 218.45（万元）$$

从案例可以看出，面对不同的供应商类型，在采购的含税价格相同时，其计入原材料采购成本的金额差异较大。因此，当供应商提供的产品质量一致时，采购人员应优先选择企业性质为一般纳税人的供应商，以降低采购成本。

除此之外，在实际的采购过程中，采购人员还会遇到同时采购多种产品或材料的情况，此时就会涉及费用和成本分摊的问题。这种情况下，采购人员也需要知道怎样计算采购成本。下面也通过一个示例来讲解。

应用示例 涉及费用和成本分摊的采购成本的核算

某采购员采购一批材料，其中 A 材料 700 千克，价格 30 000.00 元，进项税额 3 900.00 元；B 材料 300 千克，价格 8 000.00 元，进项税额 1 040.00 元。两种材料共产生运输费用 3 000.00 元，问：若按两种材料的重量来分配运输费用，且运输费计入原材料的采购成本，则两种材料的成本分别为多少？

两种材料共同承担运输费，按各自重量分配运输费用，其采购成本计算过程如下。

①计算运输费用分配率。

分配率＝运输费用总额÷各种材料的总重量＝3 000.00÷（700+300）=3.00（元）

②分别计算 A 材料和 B 材料应该负担的运输费用。

某材料应承担的运输费用＝该种材料的重量×分配率，则：

$$A 材料运输费用 =700 \times 3.00=2\ 100.00（元）$$
$$B 材料运输费用 =300 \times 3.00=900.00（元）$$

③分别计算 A 材料和 B 材料的采购成本。

材料采购成本＝买价＋运输费用，则：

$$A 材料采购成本 =30\ 000.00+2\ 100.00=32\ 100.00（元）$$
$$B 材料采购成本 =8\ 000.00+900.00=8\ 900.00（元）$$

除了可以按重量分摊共同产生的费用之外，还可按价格进行分摊，其分配率的计算公式如下所示。

> 分配率=共同产生的费用总额÷各种材料的总价格

由此得出某一类材料应分摊的费用计算公式如下所示。

> 某材料应承担的共同费用=该种材料的价格×分配率

此外,采购过程中除了可能产生共同的运输费用之外,还可能出现共同的运杂费、包装费和装卸费等,其计算方式与共同运输费用的计算相似。

1.3.3 学会利用采购的利润杠杆效应

所谓利润杠杆,是指企业通过以小变大的方式,以较少的成本支出,来获取较大的利润提升。将利润杠杆放在采购工作中,就是采购人员通过节省采购成本,为企业获取较大利润提升空间的过程。具体来说,采购的利润杠杆效应主要体现在以下三个方面。

①节约实际成本,显著提高营业利润。

②通过合理的管理和物流,实现企业更高、更快的资本周转。

③通过实现产品的标准化、降低质量成本和缩短产品交货时间等间接方式来提升企业的竞争力。

利润杠杆效应是衡量采购工作绩效最直接的一种手段,优秀的采购人员能为企业创造利润,获得潜在的市场资源。质量过关且具有价格优势的产品必然有着非常广阔的市场前景,很多企业都将采购作为重要的利润源之一。因此,作为采购人员,也必须充分认识并利用这一点,向部门或企业负责人展示自己的能力,为自己赢取更大的发展空间。

为了帮助采购人员更好地理解利润杠杆具体通过怎样的方式发挥作用,下面通过一个例子来说明。

应用示例 理解利润杠杆效应在采购中的作用

某公司销售额为2 000.00万元,利润率为15%,采购成本占销售额的60%,那么其采购成本降低1%会有什么影响呢?利润是不是也增长了1%呢?其利润杠杆效应是怎样发挥作用的呢?采购成本和利润的计算过程如下。

$$采购成本 = 2\,000.00 \times 60\% = 1\,200.00（万元）$$
$$利润 = 2\,000.00 \times 15\% = 300.00（万元）$$

采购成本降低1%后，采购成本节约额、利润增长率及利润杠杆率的计算分别如下。

$$采购成本节约额 = 1\,200.00 \times 1\% = 12.00（万元）$$
$$利润增长率 = 12.00 \div 300.00 \times 100\% = 4\%$$
$$利润杠杆倍数 = 4\% \div 1\% = 4$$

这意味着，采购成本每降低1%，利润就会增长4%。

而在高成本、低利润的行业，这个杠杆效应的作用将会更明显，杠杆倍数会更大。

所以，采购工作在企业中是极其重要的，采购人员的能力很大程度会影响公司的营业利润，要让采购部门成为企业赚钱的部门而不是花钱的部门。要做到这一点，就需要采购人员明确自身的职责，不断增强自身能力，尽可能地为企业节省成本，创造利润，熟练利用采购的利润杠杆效应。

1.4 业在于精，质量是产品的灵魂

产品的核心价值在于质量，没有质量的产品，就如同徒有其表的人，看似华丽美好，却没有实质的内容，经不起推敲。因此，采购质量的把控对于采购人员来说极为重要。但是，做好质量把控也不是件容易的事，需要采购人员具备丰富的产品知识，熟悉质量把控的不同方式，并能熟练处理这个过程中可能出现的问题。

1.4.1 有标准地进行采购

要把控采购产品质量就要从源头做起，即制定采购标准，严格依照标准实施采购。采购标准一般由采购部门负责人协同生产和采购需求部门进行拟定并报企业负责人审批，采购人员执行。而采购对象则不同，采购的产品或原材料的用途不同，采购的标准也会不同。

采购标准的制定必须符合采购产品的特性和企业生产销售的需要，同时标准本身还要可衡量和判断。此外，采购标准还要从多个维度进行考虑，比如视觉、触觉或味觉等。

采购部门是采购标准的直接责任人，应在企业内部其他部门或员工提出采购需求之后，明确采购对象的品质规格，做出正确的技术指标、设计和图样，保证采购标准的准确，做到向合适的供应商采购。通常来说，合格的产品质量一般应具备以下特点。

①合格性：采购的产品或原材料符合相应的规格要求或技术特征。

②适用性：采购的产品或原材料能满足企业生产或销售的基本功能需求，具备所需的用途。

③符合设计要求：所要生产的产品目标品质能够通过采购的产品或原材料得出。

④品质稳定性：同类产品或原材料的不同批次之间的质量差异很小或没有。

⑤安全性：采购的产品或原材料本身是安全的，不会因其存在不安全因素而给企业带来潜在风险。

⑥经济性：将其加工不会耗费过多的资源，使用周期不能过短。

采购标准的建立一定要以定量指标为主，定性指标为辅。若定性标准过多，会导致采购结果的主观性太强，缺乏判断标准的客观性。下面展示某餐饮企业对于不同食材的采购标准，见表1-6。

表1-6 某餐饮企业不同食材的采购标准

食材名称	采购标准
葱	采购总量中90%以上的葱的直径在1 cm以上，葱白长50～60 cm。葱叶约占总长的1/3，无沙土、烂叶和干叶等
姜	生姜须新鲜饱满，组织脆嫩，含粗纤维少，不霉烂，不带泥沙，姜的利用率达到90%以上
大头菜	株高不低于16 cm，直径不低于13 cm，结球结实、紧密，无干叶，无黄叶和烂叶，不带根，洗后可直接使用

续上表

食材名称	采购标准
西芹	无干叶、烂叶，无大根，无泥土
韭菜	无黄叶、烂叶和干叶，新鲜，不能太细或太粗，根部允许有少许泥土，叶内不能夹杂泥沙，不能是沙埋韭菜
木耳	叶大肉厚，无木屑，无杂质，无霉变，无虫蛀
胡萝卜	新鲜，色泽为橙红色，无泥沙，无杂质，无霉变
鲜香菇	新鲜，无霉烂，无杂质，无菇蒂。颜色呈深棕色或褐色，菇伞直径 60 mm 以上的占 95% 以上
蘑菇	新鲜，棕灰色，无菇蒂，无夹带基料，无泥沙，无杂质，无霉变
干香菇	无蒂，菇伞直径为 2.5～3.5 cm，无霉烂，无杂质，颜色呈褐色
洋葱	外皮为白色、黄色或紫红色，鳞片肥厚，抱合紧密，没糖心，不抽芽，不变色，无冻结

以上列举的是该企业部分食材的采购标准，不难看出，每一种食材的采购标准都极为具体，容易参照执行。因此，为了保证采购标准的可行性，就要做到标准细化和具体化，这样采购人员才能按章实施。

1.4.2 质量控制是采购人员的必备素质

制定采购标准仅仅只是从源头上控制了产品质量，但如果采购人员不严格实施，那么标准就会形同虚设，采购的质量也同样得不到保证。因此，除了制定采购标准外，还需要采取一些其他措施进行质量控制。

采购人员是采购质量控制的直接和关键环节，其自身素质和专业程度的高低会直接影响质量控制的效果。因此，采购人员首先要从自身出发，增强自己的质量控制意识并提高判断采购质量的能力，需要做到以下几点。

（1）提高工作责任感

责任心是从事一项工作的基本素质和要求，采购人员拥有高度责任感，就会不自觉地自我约束，工作的每一个环节都会以企业和客户的利益为先。

在采购质量控制方面,有工作责任感的采购人员会自发地去遵循质量标准,调动自身所有的能力去做好采购质量的把控,也就不会发生采购质量不过关的情况。因此,作为一个合格专业的采购人员,必须有高度的责任感,并在这份责任感下按标准做好岗位工作。

(2)学习有关产品的法律法规知识

采购人员的工作内容时刻与产品和合同相关,因此,必须学习产品质量法和合同法等相关法律法规知识。只有这样,才能全面了解产品质量在法律上有哪些具体的要求,又有哪些不可触碰的红线,才能将质量控制的法律要求和企业标准结合得更加有效、紧密,从而更好地实施采购工作。

此外,通过学习合同法的知识,可以将对于采购产品质量的要求写进合同,要求供应商提供合乎标准的产品,用合同的形式对供应商进行约束,保证产品质量。

(3)掌握企业相关的基础技术

采购工作不是独立的,采购需求是基于企业内部的生产或销售需求而产生的。因此,掌握企业相关的基础技术,有助于采购人员更好地开展工作。

例如,采购人员所在企业为电子整机行业,那么就要知道电子整机的基本性能、电子元器件的种类和等级以及企业常用技术材料、电线和电缆的规格、所需性能等。也就是说,采购人员不能只知道采购,还需要掌握采购对象的基本情况。

(4)掌握稳定和关键的供应商渠道

供应商是满足企业采购需求的主要对象。稳定关键的供应商,不仅能保证所需采购产品或原材料短缺能适时得到解决,还能让采购质量更容易得到保障。

因为稳定和关键的供应商是与企业长期合作的,两者之间已经建立了一套有效的工作流程和质量保证机制,采购人员向其采购也就不必过多担心质量问题。因此，掌握企业内部稳定和关键的供应商渠道，其实是为采购人员控制产品或原材料质量打开了方便之门。

除了要具备质量控制的素质和能力之外，采购人员还需要从供应商的角度出发，掌握一些质量控制方法，以帮助自己做好采购质量控制工作。具体来说可以采取以下方法，见表1-7。

表1-7　采购人员需要掌握的质量控制方法

方　　法	操　　作
与供应商共同制订质量控制计划	在进行采购时，除了采购产品和原材料本身之外，有些不能进行独立生产或无法掌握纯熟的生产技术和工艺的小型企业或新兴企业，很多时候还会连同供应商的生产技术、产品设计和制造工艺等一起采购，以保证产品生产的最终效果。在此情况下，要把控好产品质量，就必须充分考虑供应商的因素，结合其意见，合作制订质量控制计划
常驻供应商	供应商是采购质量管理的源头，因此要做好质量控制，就必须了解供应商的产品质量状况。为此，采购人员可以在时间允许的前提下常驻于供应商处，了解供应商的质量管理机构设置、质量体系文件的编制、质量体系的建立与实施，以及产品设计、生产、包装和检验等情况。除此之外，还可通过出厂前的最终检验和试验监督，核实供应商出具的质量证明材料等方式，从供应商内部进行采购质量把关
定期或不定期检查	采购人员可以协同企业的生产或技术人员对供应商进行定期或不定期的检查，以充分了解供应商的变化情况。检查的重点可以放在原材料和外购件的质量状况，各工序半成品的质量状况，产成品的检验、试验及包装情况等方面，尤其需要注意重要工序或关键工序的检查。通过检查，可以及时发现供应商的薄弱环节，适时控制，以保证采购质量
及时了解供应商生产状况变化	供应商的情况并非一成不变，在市场环境下，供应商的经营状况通常会根据市场情况和内外部环境的变化而发生改变。对于供应商的一些重大变化，如产品设计或结构上的重大变化、制造工艺上的重大变化、检验和试验设备及规程方面的重大变化，采购人员应具体分析其对采购质量的影响，并针对不同情况采取有利于采购工作和企业的措施

1.4.3　检验质量的方式

制定质量标准和进行质量控制都是从事前角度进行采购质量的把控，除此之外，当采购的产品或原材料出库完毕，运送到企业后，采购人员还需要协助企业质检人员进行检验，因此必须掌握质量检验的方法。

质量检验按照类型划分，可分为进货检验、工序检验和完工检验，简单说明见表1-8。

表1-8 质量检验的三种类型

类型	操作
进货检验	是指对购进的原材料、外购配套件和外协件等入库时进行的检验。是保证外购物料质量的主要手段之一，进货检验必须配备专门的质检人员，按照规定的检验内容、检验方法及检验数量进行严格认真检验。对于检验不合格的，应不予验收
工序检验	是指对各道工序加工的产品及影响产品质量的主要工序要素进行检验，从而防止不合格产品流入下一道工序而实施的检验，有首件检验、巡回检验和末件检验三种形式
完工检验	也叫最终检验，是指在某一加工或装配车间全部工序结束后，对其生产的半成品或成品的检验

对于采购人员来说，主要涉及的是进货检验和工序检验。

（1）进货检验

进货检验主要包含两种形式：首件（批）样品检验和成批进货检验。

①首件（批）样品检验。首件（批）样品检验是通过建立具体的产品质量衡量标准，对供应商提供的产品或原材料的质量进行审核。

该检验方式下的产品必须有一定代表性，是能代表一类产品或原材料的产品样品，只有这样，才能将对首件（批）样品的检验作为以后同类产品检验的依据。这种检验方式一般适用于首次交货、设计或产品结构有重大变化及工艺方法有重大变化等情况。

②成批进货检验。将需要检验的产品或原材料按照一定的标准进行分类，并划分每一类的重要程度，如按A、B、C类的方式进行分类和重要性排序。不同类别的产品检验的程度和重点也不一样，如：A类为必检项，必须对其每一要素进行全面严格的检查；C类为一般项，可抽样检查或免检。

该方式既可以在供货单位进行，也可在购货单位进行，但为了保证检验工作的质量，一般应制定"入库检验指导书"或"入库检验细则"。这种检验方式可以保证检验质量，同时也能减少工作量。

采购人员应根据采购产品或原材料的实际需要选择合适的进货检验方法。除此之外，进货检验需要遵循以下流程，如图1-4所示。

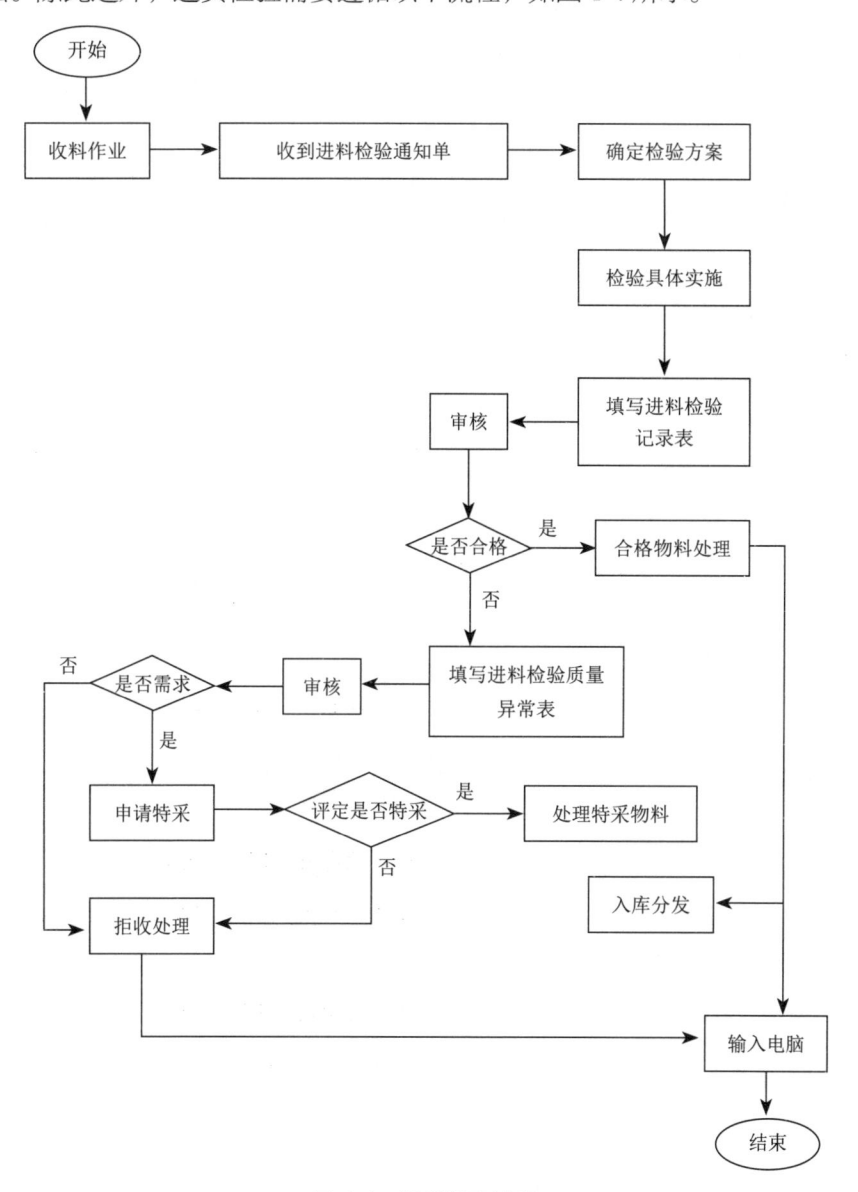

图1-4 进货检验流程

（2）工序检验

工序检验与进货检验不同，它是对某一工序或所有生产工序的检验，当企业采购的是供应商自行生产的产品时，往往会用到该种检验方式。其检验内容如图1-5所示。

- 首先应对采购产品的生产工艺统一质量标准，并明确生产所需的技术要求、检验项目、项目指标、方法、频次及仪器等内容。同时，将以上要求置于生产过程中，并对此设置不同的检验点，确定检验流程。

- 按制定的检验要求和流程对供应商提供的半成品和成品进行检验，同时做好检验记录。对于检验不合格的，应予退回；检验合格的，应做上相应标记。

- 对检验不合格的产品进行跟踪处理，督促供应商进行质量改善，直至产品符合采购标准。

- 待检品、合格品、返修品和废品应该分类标记并分别存放。

- 产品采用特殊工序生产的，应做好质量检验记录、分析报告和控制图表，并及时整理归档。

- 采购产品在后续使用或销售过程中发生工序质量问题的，应及时向供应商反馈，做好处理。

图1-5　工序检验的内容

采购人员若在协助质检人员进行工序检验的过程中发现供应商存在生产工序质量问题需要改善的，应及时告知供应商，并帮助其进行改进，以保障后续采购质量。

那么，采购人员具体应该怎样帮助供应商改进其生产工序质量问题呢？有没有可以参考的操作流程或者办事规则呢？通常是有的，工序质量的改进流程可以按照如图1-6所示的步骤进行。

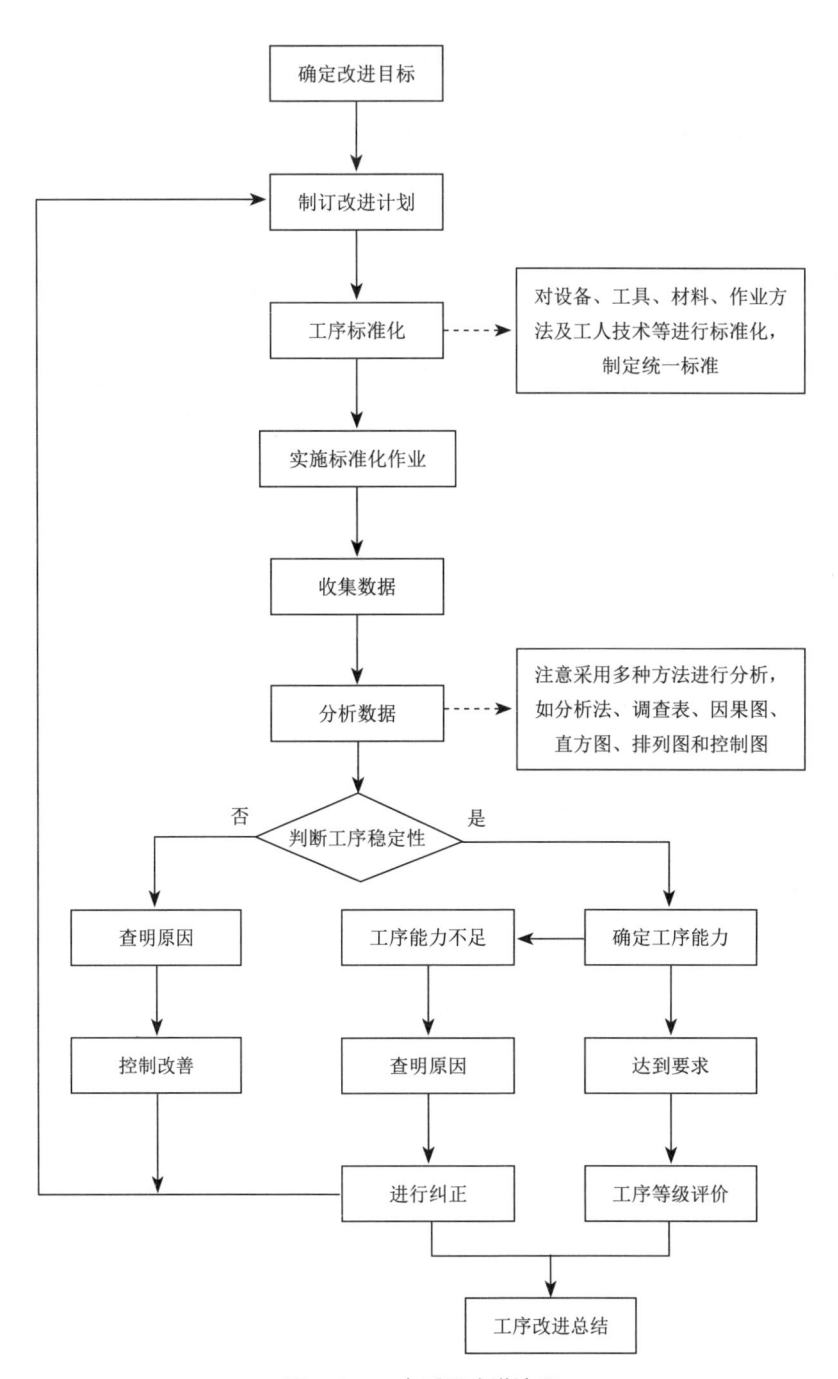

图 1-6 工序质量改进流程

1.4.4 质量保证协议，给产品质量加把锁

除了采用具体的检验方法来控制质量外，采购人员还可以通过与供应商签订质量保证协议，利用法律手段来保证采购质量，维护企业和自身利益。

质量保证协议一般不单独存在，而是作为采购合同的附件及补充，一般由七个主要部分构成，每个部分及其具体内容如下所示。

（1）产品标准

产品标准是采购方对于产品的质量标准要求的整体说明，主要是约定供应商应按照什么样的标准进行采购产品的生产。其内容通常为："乙方应严格按照前期甲方测试确认可以接受的样品性能以及'技术协议'，进行产品的生产和向甲方批量供货"。

（2）检验方法

检验方法主要包括样品封样、检验依据和检验数量等内容，每部分内容又可进行具体约定。

范本展示 某质量保证协议中关于检验方法的内容

样品封样。在第一批供货之前，乙方提供两个产品，由甲方研发部、质量检验部和乙方共同签字确认后，作为此产品的封样样品，以后的来料检验将以封样样品为检验的标准之一。

检验依据。以"技术协议"规定的所有内容和要求、封样样品、甲方的交验标准、相关国家标准及甲乙双方承认的测试报告为依据。

检验数量。按照相关标准中规定的抽样方案进行抽样。比如，甲方在来料检验中执行一次抽样方案，检查水平为××，重缺陷接收质量限（AQL）值为××，轻缺陷 AQL 值为××。

（3）技术支持

技术支持主要是指供应商对采购方提供产品检验、维修及服务等方面的支持。

范本展示 某质量保证协议中关于技术支持的内容

①乙方在第一批供货前5个工作日向甲方提供出厂检验标准。

②甲乙双方开始合作后，乙方的技术工程师应对甲方的相关人员进行本产品的技术、检验、维护和服务等知识的培训。培训需求由甲方提出，经双方协商后实施。

（4）信息沟通

信息沟通是指采购方和供应商双方之间对于采购事项的事前、事中和事后的信息交流。

范本展示 某质量保证协议中关于信息沟通的内容

①甲方在来料检验中发现不合格产品，需对乙方开具"供应商质量问题通报"，乙方需在两日内对"供应商质量问题通报"中质量问题的形成原因、纠正预防措施及措施实施时间等内容，以书面形式进行回复。对于甲方退货批次，乙方还需向甲方提供退货批次的处理方式和相关质量记录。

②乙方每月需对甲方来料检验、生产过程和客户返还的需要索赔的产品进行分析，并在每月30日前向甲方提供分析报告。

③甲乙双方定期召开品质沟通会议，会议时间由双方协商确定。

（5）违约事项

违约事项是协议的通用条款，在质量保证协议中的违约事项条款，主要是对采购前后过程中，关于采购质量的违约情形，以及违约后如何处理的约定，是质量保证协议最重要的内容。

范本展示 某质量保证协议中关于违约事项条款的内容

①乙方对本协议第4条所列条款执行不利，且在甲方提出改进要求后乙方仍无改进迹象，甲方有权取消乙方的合格供方资格。

②乙方应保证到货的型号规格与"采购合同"和"技术规格书"一致，并完全按照"技术规格书"中的标准供货。对由于到料与"技术规格书"中的标准不一致的，甲方有权要求乙方退货、换货，并按采购合同的约定

承担相应的赔偿责任。

③乙方应承担交货物至甲方运输过程中出现的来料损坏、丢失或外包装破损等损失。

④甲方在来料检验时对来料批次判定为不合格批次时,应及时通知乙方,乙方应当在一个工作日内派人进行确认。

⑤当来料出现质量问题,甲方需要挑选使用时,乙方应承担由此产生的一系列费用。相应费用规定如下:检验人员费用、用电及检测费用、工装损耗费用、运输、场地及其他费用。

⑥来料检验过程中出现的不合格批次,甲方需要降级接收时,甲方将根据问题的严重程度,酌情降低乙方产品本批次的采购价格。

⑦因乙方产品质量问题,导致用户多次投诉,影响甲方产品声誉的,甲方可要求乙方承担相应的责任并按每次质量事故的严重程度支付500~5 000元的违约金。

⑧由乙方产品质量问题导致的甲方产品售后的质量事故,经甲乙双方调查确认后,乙方应承担甲方的全部实际损失。

⑨在来料检验中及用户使用中,由于乙方产品技术、质量等原因造成人身伤害或财产损失时,事故责任由乙方全部承担。

⑩甲方为提高产品质量,会不定期对甲方的产品按照国家相关标准进行抽检(如CCC认证条件检测),如发现由乙方产品未达到标准引起甲方产品的任何不合格,甲方将有权对乙方采取相应的惩罚措施。

(6)争议的解决

争议解决是指在履行协议过程中,双方发生争议应采取的解决方式,在质量保证协议中的内容通常为:"双方在履行本协议过程中如发生争议,应友好协商解决。若协商未成,任何一方均可向甲方所在地有管辖权的人民法院提起诉讼。"

(7)其他

其他部分一般是质量保证协议的最后一部分条款内容,是对前面几项内容未涉及事项的补充。

范本展示 某质量保证协议中关于其他条款的内容

①甲乙双方如有对本协议的补充和说明，应另行协商。

②本协议为"采购合同"的附件之一，自甲乙双方法定代表人或授权代表签字并加盖法人公章之日起生效，有效期至双方协商签订新协议或停止合作时止。本协议一式两份，具有同等的法律效力，甲乙双方各持一份。

质量保证协议的重点在于对违约事项的约定。对于每一种可能出现的违约责任，都应要求供应商写在协议中，以保证发生质量问题时可以与协议进行逐条核对，按协议规定进行处理，明确双方责任。

1.4.5 如何处理退换货

采购检验会有两个结果：合格和不合格。对于检验合格的产品或原材料，企业仓管人员直接验收入库即可，而对于检验不合格的，就要进行退货或换货处理。因此，采购人员必须知道具体操作流程。

退货和换货的流程大致相同，最大的区别在于退货之后可能不需要供应商再发货，而向其他供应商进行采购，而换货则需要供应商再次提供检验合格的产品或原材料。退货的流程一般如图 1-7 所示。

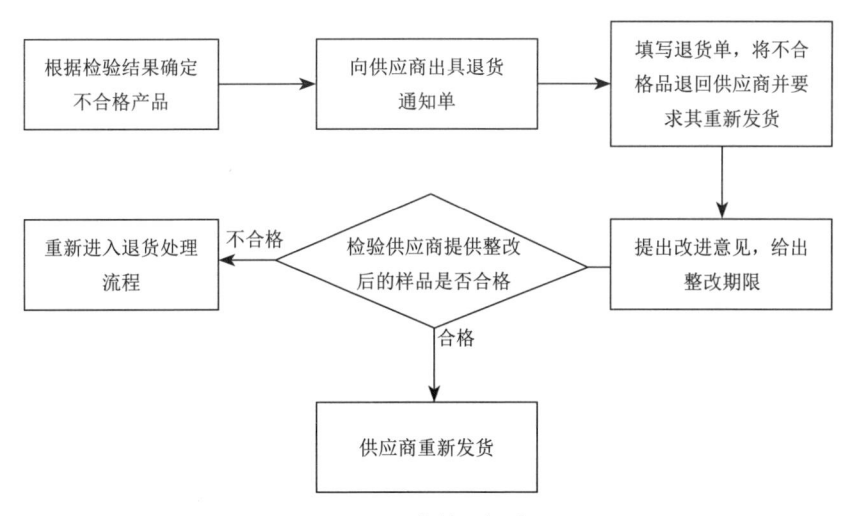

根据检验结果确定不合格产品 → 向供应商出具退货通知单 → 填写退货单，将不合格品退回供应商并要求其重新发货 → 提出改进意见，给出整改期限 → 检验供应商提供整改后的样品是否合格 → 不合格：重新进入退货处理流程；合格：供应商重新发货

图 1-7 退货的一般流程

在退换货的过程当中，除了采购人员需要根据其职责内容完成与退换货有关的工作之外，其他责任人员也应履行好自己的职责。退换货过程中涉及的人员及责任如下所示。

①采购人员。对于质检部门或人员确定的不合格或不能使用的产品或原材料，向供应商出具不合格通知书，开具退货单将产品退回给供应商并监督其进行整改。

②品质部。对供应商进行质量改善或重新发货的产品按相关标准和要求再次进行质量检验，并得出真实准确的检验结果。

③采购部经理。对于供应商改进后且品质部检验合格的产品，及时通知供应商合格的情况并安排重新发货。

更多模板

采购记录登记表	采购追踪记录表
采购检验报告单	工序质量特性分析表
采购质量控制表	样品质量评价表
质量索赔通知单	质量控制计划规范
质量保证协议	采购质量验证管理制度

第2章

货源管理：供应商的开发与管理

　　对企业来说，外部供应商为自己提供货源，采购人员就避免不了要与供应商接触。采购人员要做好采购工作，就必须学会把握和处理与供应商的关系，包括供应商的开发与管理，做好这项工作能在一定程度上帮助企业做好货源管理工作。

2.1　选对供应商能免去很多后顾之忧

市场上的供应商数量庞大，而通常每家企业合作的供应商也不止一家。因此，在面对一项采购工作时，采购人员首先需要根据具体的采购内容从市场或企业已达成合作关系的供应商中来选择合适的供应商。

2.1.1　供应商是资源还是对手

有人说供应商就是采购企业的竞争对手，双方是对立的关系，因为采购企业往往希望以最低的价格买到最优质的产品或资源，而这无疑与供应商的经营产生冲突，因此双方存在着竞争博弈。

随着经济的发展，供应市场发生了巨大变化，这使得供应商与采购企业之间的关系也随之改变。供应商和采购企业之间的关系已经不能简单地用对手来概括。

所以，对供应商身份的判定不应一概而论，而应根据不同的供应商类型，采取合作或竞争的交易态度，下面来看一个关于家乐福集团公司和雀巢公司之间的对于供应商管理的库存（VMI）合作的案例。

应用示例 家乐福和雀巢之间的 VMI 合作

VMI 是企业和供应商之间的一种合作性策略，它以供应商和企业双方都获得最少成本为目的，在一个共同协议下，通过供应商对库存进行管理并不断监督协议执行情况和修正协议内容来使库存管理得到持续性改善，从而为双方节约成本，提高效率。双方之间合作模式的形成主要有以下几个步骤。

①家乐福用电子数据交换方式（DEI），通过互联网将结余库存和出货资料等信息传送到雀巢。

②雀巢对收到的资料进行处理，计算出可行的供货量，并产生建议订单。

③雀巢以 DEI 方式将产生的建议订单传送给家乐福。

④家乐福对订单进行确认，并根据实际需要进行相应修改，修改无误后传回至雀巢。

⑤雀巢收取订单，并根据订单内容进行拣货和出货。

在这种合作方式下，家乐福的到货率提高了 15%，库存天数降低了 40%，订单修改率降低了 60%。

从这样的合作中我们可以看出，在库存管理方面，若企业能将供应商当作合作伙伴，充分利用双方资源，可以极大提高企业效率。

2.1.2　供应商开发应遵循的流程

每一个采购新人都会面临一个难题：如何在市场中开发新的供应商？这是每位采购人员的工作重点之一，也是其核心能力的主要表现之一。面对这一问题时，采购人员想要少走弯路，就要了解供应商开发的大致流程，这样才能知道开发供应商到底应该如何入手。

供应商的开发工作需逐一按照流程进行，以保证开发的有效性。其具体开发流程如图 2-1 所示。

当供应商情况发生重大变化时，也需要按照这样的流程对其进行重新评定，并根据评定结果，决定是否保留其合格供应商资格。重新评定供应商的情况有以下几种。

①供应商的所有权发生变化。

②供应商组织结构发生重大变化。

③质检部向上反映原材料出现严重质量问题，并提出取消供应商供货资格。

④供应商产品价格发生重大变化。

⑤相关负责人觉得有重新评定的需要时。

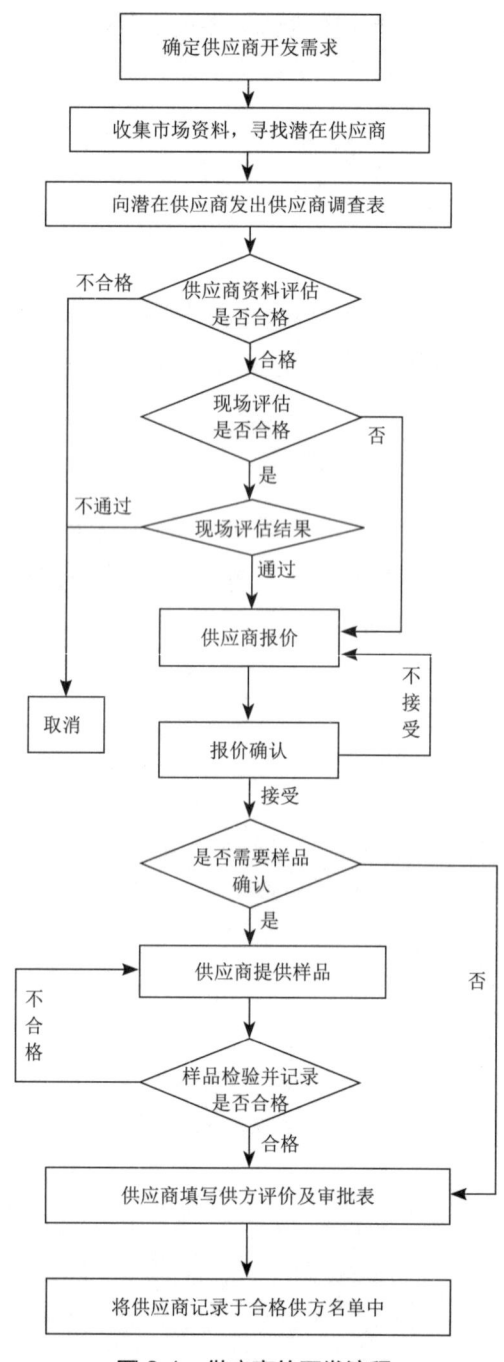

图 2-1 供应商的开发流程

2.1.3 多层次、多渠道地寻找供应商

供应商的开发过程就是寻找供应商的过程。寻找供应商的渠道和方法越多，越能积累更多的供应商资源，也就越能满足企业不同的采购需求，采购人员做起工作来也就更如鱼得水。

寻找供应商应该将传统方法和互联网思维有效地结合，这样才能拓宽渠道。所以，供应商的开发渠道主要可分为两类，一类是传统渠道，另一类是互联网渠道，其中，传统采购渠道的种类见表 2-1。

表 2-1 传统采购渠道

渠道类型	描述	优点和缺点
批发市场	每个地区的批发市场都是各类供应商聚集的地方，采购人员可以在这里找到常见的各类资源和产品，这是最直接，也是最简单的寻找供应商的方式	优点：选择性强、品种齐全 缺点：无法满足较大的采购需求，质量难以保证
商业系统批发企业	指专门的采购系统，比如烟、酒等商品，要向专卖系统采购	优点：获取产品价格信息更便捷 缺点：要向多个不同的系统组织进货，且压价空间小
生产企业	直接与生产企业联系进货	优点：减少中间环节，降低流通费用，扩大货源 缺点：流动资金占用量较大
商品配送中心	配送中心先从供货商手中接收各种商品，再根据采购企业的要求将商品进行分装、分类、配货和运送	优点：方便省事 缺点：成本较高

除了传统的采购渠道之外，随着互联网的发展，采购也变得网络化，互联网中产生了很多采购和批发平台，采购人员可充分利用这些平台开发新供应商。这里以阿里巴巴集团旗下采购批发网 1688 批发网为例介绍利用互联网采购平台寻找供应商的方法。

首先进入 1688 批发网首页，在打开的页面中的搜索框中输入关键字，可以是商品名称，也可以是供应商名称，如这里输入关键字"钢铁"，单击"搜索"按钮，如图 2-2 所示。

图 2-2　搜索关键字

在打开的页面中单击"找供应商"选项卡，如图 2-3 所示。

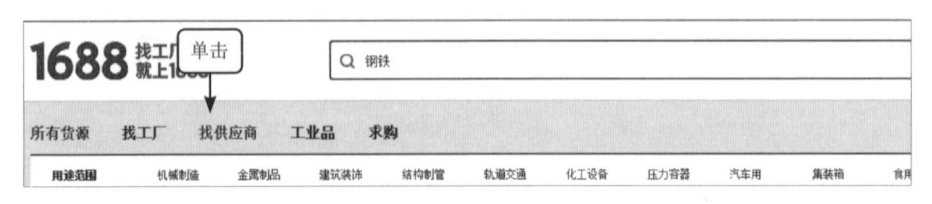

图 2-3　找供应商

在打开的页面中可以查看到搜索结果，如图 2-4 所示。

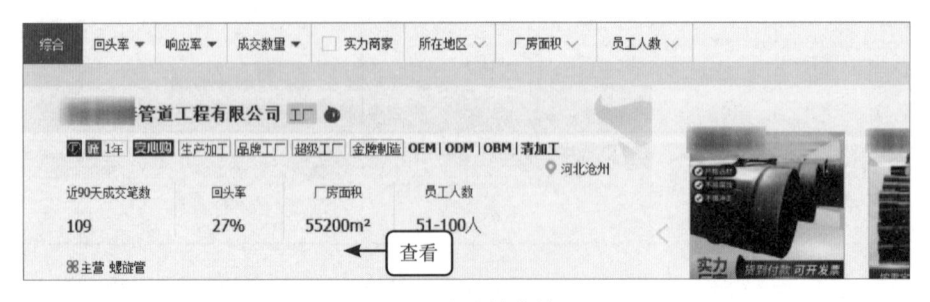

图 2-4　查看搜索结果

从图 2-3 和图 2-4 可以看出，采购人员可按照需求寻找供应商，在搜索结果中可按照回头率、响应率、成交数量和所在地区等要素进行排序，从中选择最适合的供应商。

2.1.4　面对多个供应商时，如何选择

面对多个供应商时，如何从这些初步筛选出的供应商中选择最合适的

供应商，是所有采购人员不得不做的一道选择题。选择一定不能是盲目的，而应采用科学的方法，才能保证选择结果的有效性。

一般来说，供应商的筛选需要经过三个步骤：填写供应商基本信息表→供应商自我评估→建立供应商评估模型。下面依次介绍这些步骤。

（1）填写供应商基本信息表

当采购人员开发的供应商较多时，无法直接从众多的供应商中选择最合适的那一个，此时就需要逐步筛选，而筛选的第一环节就是填写信息表。通过信息表的填写，采购人员可大致了解各供应商的具体情况，从中排除不合格的供应商，保留合格的。下面看一个简单的信息表样式，见表2-2。

范本展示 **供应商基本信息表**

表2-2 供应商基本信息表

企业名称		注册资本	
法人代表名称		营业执照注册号	
所在地区		经营类别	
公司类型		详细地址	
组织机构代码		营业执照有效期	
联系人		联系电话	
电子邮箱		传　真	
公司简介			
主要经营范围			
备　注			

采购人员可以在供应商填写该表后逐一对表中的内容进行审核，对企业营业执照注册号、注册资本、营业执照有效期和企业名称等进行重点审

查,经审核并确认有误的,应当认为该供应商的注册信息存在不真实的可能,与其合作的话,企业可能会面临较大风险,所以应将其从备选供应商中排除。

(2)供应商进行自我评估

供应商自我评估是指采购企业或采购人员将需要自评的要素提供给供应商,然后供应商依据企业的要求逐一进行自我评价,自评后再将结果反馈给采购方。通过供应商的自我评估,可以了解供应商的大概情况,也为企业的后续评价提供依据。

供应商自我评估的要素一般包括生产能力、质量控制能力、技术管理水平、价格水平和研发能力等。要素内容会因供应商类型和采购需求的不同而有所区别。下面展示供应商的自我评估表模板,见表2-3。

范本展示 供应商自我评估表

表2-3 供应商自我评估表

评估项目	评估标准	是或否
质　量	相关证件(如合格证和鉴定报告等)是否齐全	
	使用过程中是否出现严重缺陷	
	退换货和不合格品的处理结果是否达标	
	对于生产异常情况或生产事故,是否有专职部门进行原因分析,并进行改进	
	是否有书面化的质量保证体系	
	公司内部是否会进行定期的质量检查和检讨	
	是否建立了整个公司持续改进的制度	
交货能力	是否按期交货,数量是否准确	
	是否能及时处理发生的各类质量问题	

续上表

评估项目	评估标准	是或否
价　格	本年度同一产品或原料的价格波动是否较大	
	本年度进厂货物价值与实际付款比较是否一致	
生产过程	产品设备是否能够完全满足使用需求	
	是否有各制造工序的书面质量控制计划	
	是否有各制造工序的作业标准	
	是否制定了材料和成品储存、防护的程序文件	
生产设备	是否建立了生产设备的维护和保养制度	
	是否有设备寿命更换规定	

（3）建立供应商评估模型

供应商自评结束之后，采购人员还需对自评结果进行核实，重新对供应商进行评估，以比较评估结果和自评结果的差异。下面是一个简单的供应商评估表，见表2-4。

范本展示 **供应商评估表**

表2-4　供应商评估表

评估项目		评价结果		
生产能力	控制交货期的能力	□强	□一般	□弱
	排查生产异常的能力	□强	□一般	□弱
	控制生产进度的能力	□强	□一般	□弱
	对于生产的规划能力	□强	□一般	□弱
质量控制	质量规范标准	□符合	□不符合	
	纠正预防措施	□强	□一般	□弱
	质量管理组织体系	□好	□一般	□不好
	检验方法控制	□强	□一般	□弱

续上表

评估项目		评价结果		
技术管理	技术水平	□强	□一般	□弱
	工艺流程及标准	□符合	□不符合	
	生产设备情况	□好	□一般	□不好
	操作标准	□符合	□不符合	
价格情况	加工费用	□适中	□高	
	原料/辅料价格	□适中	□高	
	付款形式	□符合	□不符合	
	估价方法	□符合	□不符合	
研发能力	自主研发能力	□强	□一般	□弱
	来料加工能力	□强	□一般	□弱
	生产跟进操作人员	□是	□否	
质量体系	ISO 9001	□是	□否	
	QS-9000	□是	□否	
	全面质量管理（TQM）	□是	□否	
产品标准	企业标准	□是	□否	
	行业标准	□是	□否	
	国家标准	□是	□否	
	国际标准	□是	□否	

通过供应商评估模型，采购人员可以对供应商进行逐条评价，并借此筛选出符合采购标准和需求的少数供应商，以降低选择难度，从而更好地完成采购任务。

2.1.5 制造商还是中间商

很多企业和采购人员认为，供应商就要直接选择制造商而不是中间商，因为将制造商作为供应商可以降低采购成本，避免被中间商多剥一层利。但事实真是如此吗？

毫无疑问，相对于中间商来说，选择制造商作为供应商确实可以节省采购费用，但中间商也有其独到优势，否则也不会有和制造商相当的竞争力。制造商的核心能力在于生产制造，而中间商的核心能力则在于服务。制造商能提供的产品往往比较单一，而中间商能积累多家生产商的产品，从而形成优势。

因此，制造商和中间商各有优势，具体怎样选择，一般取决于采购需求类型和企业自身的采购规模。同时采购人员需要注意，在选择这两类供应商时，需要有不同的侧重点。

制造商的核心竞争力在于其生产能力，其能有效减少采购的中间环节，因此，采购人员在选择制造商作为供应商时，需要注意以下问题。

（1）重点考察制造商的生产能力

制造商往往拥有较强的生产能力，并具备相应生产制造领域的专业技术优势，也是由于这一原因，导致其能提供的产量类别比较单一。如需要向面料制造商进行采购，但其采购面料没有库存，这时就需要向制造商发出定制生产的请求，而生产过程往往会受到制造商本身生产数量和生产周期的限制，这也会导致采购周期延长，影响采购效率。

因此在选择制造商时，一定要选择生产能力强的制造者，这样即使制造商库存不足，也能在较短时间内重新生产出满足采购需求数量的产品，采购人员也能及时完成采购。

（2）减少中间环节

直接向生产商采购，可以减少中间环节的费用，并在一定程度上降低成本。尤其是采购产品个性化特征较强且数量不大的情况，因为无法利用中间商的集中采购优势，所以会直接向制造商进行采购。同时，向制造商采购还能减少信息的中间传递，降低信息传递的失误率，使得采购人员和生产商的沟通更直接有效。

中间商本身不从事具体产品的生产，是介于零售和生产商之间的供应链环节，中间商从制造商处大批量采购商品，然后分销给不同的零售商。作为中间商来说，最大的优势就是产品的多样性，因此，若将其作为企业供应商，那么在选择时也一定要注意这一点，应挑选产品类型丰富，规模较大，服务较好的中间商，这样才能满足企业的不同采购需求，以节省采购周期，提高采购效率。

2.1.6 学会评价不同的供应商

什么样的供应商是好的供应商？什么样的供应商是差的供应商？如何用一杆秤来衡量和评价不同的供应商？如何选择对企业最有利的供应商？这些是困扰每位采购人员的问题。

与前述所说的供应商事前评估不同，这里的评价是针对已达成合作关系的供应商的优劣评价。通过这种事后评价，可以帮助企业去劣存优。

供应商事后评价通常有两种方式，一种是指标式，另一种是表格式。指标式的评价方式主要是通过不同的指标要素和标准，以指标计算结果来衡量供应商的优劣，主要有以下五个指标。

（1）质量合格率

采购产品质量是衡量供应商水平的重要指标之一，质量合格率的计算是采购合格产品和采购产品总量的比率。其公式如下所示。

采购产品质量合格率=采购产品中的合格产品数量÷采购产品总量×100%

显而易见，对于采购企业来说，质量合格率越高越好。此外，有的企业还用退货率来衡量产品质量，和质量合格率相反，退货率越低对企业越有利。其计算公式如下所示。

退货率=退货次数（或数量）÷采购总次数（或总数量）×100%

（2）交货及时率

交货及时率主要是考察供应商能否在约定的交货期如期交货，其计算是准时交货次数和交货总次数的比率,该比率对于采购企业来说越高越好。具体公式如下所示。

$$交货及时率=准时交货次数÷交货总次数×100\%$$

(3) 按时交货量率

按时交货量率主要是考察供应商交货量的及时情况,是交货期内的实际交货量与期内应完成交货量的比率,对采购企业而言,该比率越高越好。其计算公式如下所示。

$$按时交货量率=交货期内实际交货量÷交货期内应交货总量×100\%$$

(4) 价格比率

价格比率分为平均价格比率和最低价格比率,是将供应商价格分别与市场平均价格水平和最低价格水平进行比较得出的比率。

平均价格比率越高,说明供应商的价格高出市场平均价格越多;最低价格比率越高,说明该供应商价格高出市场最低价格越多。其计算公式分别如下所示。

$$平均价格比率=(供应商供货价格-市场平均价格)÷市场平均价格×100\%$$

$$最低价格比率=(供应商供货价格-市场最低价格)÷市场最低价格×100\%$$

(5) 信用度

信用度是对供应商守信程度的考察,供应商的诚信是企业与其合作的基础。其计算公式如下所示。

$$信用度=考察期内失信次数÷考察期内交往总次数×100\%$$

除指标考察之外,还可用规范的评价表格对供应商进行评价,见表2-5。

范本展示 供应商评价表

表 2-5 供应商评价表

供应商名称	
供货时间	年 月 日 至 年 月 日
基本评价要素	
评价要素	评价结果	评价时间
样品是否合格	□是　□否	
包装是否合格	□是　□否	
生产规模是否达标	□是　□否	
质量体系是否能得到保障	□是　□否	
供应价格是否合理	□是　□否	
供应能力是否达标	□是　□否	
供应速度是否及时	□是　□否	
产品质量是否合格	□是　□否	
是否有完善有效的质量检验系统	□是　□否	
供应价格和市场价格水平差异是否较大	□是　□否	
产品认证水平和流程是否完善	□是　□否	
产品合格批次是否在规定范围内	□是　□否	
配合是否符合要求	□是　□否	
交货是否及时	□是　□否	
售后服务是否到位	□是　□否	
列入免检类别的供应商	□是　□否	
合格供应商类别	□是　□否	
改善后可列入合格类别的供应商	□是　□否	
不合格供应商类别	□是　□否	
评价人意见：	
采购部核准意见：	

2.2 监督供应商，保证交货的及时性

采购工作贵在选择，重在监督。企业不仅要选择适合的供应商，还要对供应商实施有效的后续监督，没有后续的有效监督，便会使采购工作效率大打折扣。

2.2.1 双向沟通，让信息交换更充分

先沟通，后监督。沟通是采购人员与供应商保持联系的主要方式，也是采购人员了解供应商状况的重要手段。在向供应商采购的过程中，采购人员需要实时了解供应商的生产状况和内外部情况的变化，同时也需要将企业对于采购商品或原料的要求变化告知供应商，做好双方充分的信息交换，从而更好地实现采购目的。

采购人员要想实现与供应商之间的有效双向沟通，首先就要做到以下几点。

①以点带面，充分沟通。每次的沟通事项不要仅仅局限于某一要素，应将与该要素有关的内容都考虑进去。

②沟通的内容和形式要让供应商能够接受。尤其是在沟通内容上，采购人员不能只是一味考虑自身和企业利益，而罔顾供应商的合理利润，否则会引起供应商反感，使沟通结果不尽如人意。

③沟通渠道应畅通无阻。顺畅的渠道是双方沟通的基础，应保证矛盾能在第一时间和最低层次得到解决，否则就会使产生的矛盾扩散开来，给供需双方带来影响和损失。

除此之外，采购人员要做好与供应商的沟通，还需要建立属于双方的沟通机制，以保证沟通的及时和充分。对此，采购人员需要做到以下几点。

①明确沟通的重要性，以尊重为前提主动进行沟通。采购人员需要明确，与供应商之间的关系是平等的，双方互惠互利，并不存在采购企业高人一等的情况。只有充分尊重供应商，并将其表现在双方的沟通环节中，

主动向供应商了解和反馈采购相关信息，才是双方沟通成功的关键。

②让供应商对企业的采购要求和目标充分了解。采购人员的采购需求只有通过供应商才能得到满足，双方沟通的重点也体现于采购需求的方方面面。因此，将采购要求和目标明确告知供应商，就能保证沟通始终是有效的。

③保证沟通方式的多样性。采购人员应掌握与供应商沟通的多种方式，以保证在某一种或几种沟通方式失效时可以通过其他沟通方式达到同样的沟通目的。一般来说，采购人员可以通过电话、邮件、传真、网络即时通信及实地走访等方式与供应商进行沟通。

④注意沟通的时效性。时效性是保证采购双方的沟通结果有效的重要因素，采购人员与供应商的沟通应在确定采购要求的第一时间或者采购要求变更的第一时间进行。把握沟通时效性，可以使供应商实时了解企业的采购需求，当改变生产要求或方式时，节省因准备或生产不满足条件的产品或原料产生的成本，同时，对采购方来说也可以提高采购效率。

2.2.2 督促供应商做好交货工作

采购人员与供应商沟通的最终目的，在于使供应商按时、按质、按量地完成交货工作。如果不能达到该目的，那么即使前期的沟通再顺畅，对采购企业来说也是无效的沟通。

要想达到督促供应商，保证其准时交货的目的，采购人员就要懂得利用一些工具，及时处理企业不断变化的采购需求，并在供应商不作为时对其进行督促。

（1）向供应商及时反馈变更后的采购需求

在采购工作中，经常会出现因采购需求或采购期限变更而需要供应商将生产计划或准备工作进行调整的情况，此时若不能及时准确地将变更后的信息反馈给供应商，那么就会直接影响采购质量和有效性。此时，采购人员可以通过一些格式化通知单来对供应商进行规范准确的通知，见表 2-6 和表 2-7。

范本展示 采购需求更改通知单

表 2-6　采购需求更改通知单

公司名称			申请人	
更改日期				
采购更改说明					
更改物料/产品基本信息					

序号	更改项目	采购单号	物料/产品名称	物料/产品编码	采购数量	金额	摘要
1							
2							
3							
4							
5							
6							
7							
8							
……							

采购人员签字		日期	
审核人员签字		日期	
部门负责人意见		日期	
采购部经理意见		日期	
备注：			

范本展示 **交货期变更联络单**

表2-7 交货期变更联络单

××公司（供应商名称）： 　　根据本公司与贵公司签订的采购合同（编号：××），贵公司原定于××年××月××日前向我公司交付以下货物，现因特殊原因，请求贵公司改期发货。 　　给贵公司带来的不便之处，望予以理解。 　　　　　　　　　　　　　　　　　　　　　　　　　　　　××公司 　　　　　　　　　　　　　　　　　　　　　　　　　　　××年××月××日								
原因说明									
交货期变更一览表									
货物编号	货物名称	规　格	型　号	单　位	变更前		变更后	
^	^	^	^	^	日期	数量	日期	数量
备　注								

（2）向供应商进行进度控制

在开始采购到供应商完成交货的整个过程中，为了保证供应商能按时、按质完成每个环节的工作，采购人员需要对整个过程进行全程控制。常用的方法是利用采购进度控制表，样式见表2-8。

范本展示 采购进度控制表

表 2-8 采购进度控制表

公司名称					采购日期					
采购单编号					请购部门					
物料编号	物料名称	规格	型号	单位	数量	供应商	跟进情况			到货情况	
^	^	^	^	^	^	^	询价日期	议价日期	订货日期	预定日期	实际日期
备注:										

（3）向供应商进行催货

当采购人员发现供应商生产或准备进度较慢，无法按期交货或已经逾期交货时，就需要对供应商进行催货，以保证能在约定时间内交付产品或物料，或尽量缩短逾期交货时间。

催货的方式一般为向供应商发送催货通知单，并根据实际到货情况在跟催表内进行相应登记，以查看催货是否有效。催货通知单和采购跟催表分别见表 2-9 和表 2-10。

范本展示 催货通知单

表 2-9　催货通知单

××公司（供应商名称）：

　　根据本公司与贵公司签订的采购合同（编号：××），贵公司应于××年××月××日前向我公司交付以下货物，现已逾期，请速于××日内发货。

　　如货物正在运输过程中，还望见谅，并请来函说明到货日期。

　　如贵公司确实存在发货困难，也请来函说明。

××公司
××年××月××日

物料编号	物料名称	规格	型号	单位	到货情况		
					采购数量	到货数量	差额
备注							

范本展示 采购跟催表

表 2-10　采购跟催表

公司名称		采购日期	
采购单编号		跟催人员	

物料编号	物料名称	规格	型号	单位	数量	供应商	到货情况		
							预定日期	到货日期	实际数量
备注									

2.3 供应商也需要考核和激励

考核和激励是企业激发员工工作动力，提高工作效率的主要手段。对于采购企业来说，为了激励供应商更加积极主动和有效地满足企业的采购需求，增加双方合作的深度和黏性，也需要利用考核激励这一工具。

2.3.1 供应商的考核怎样实施

有考核才有优劣，采购的过程也是不断筛选供应商，实现优胜劣汰的过程。因此，采购企业需要通过对供应商进行考核，以淘汰无法满足企业采购需求的供应商，保留优质供应商，保持满足企业采购需求的持续动力。

对供应商的考核主要是通过制定考核指标，并附以相应权重，借此对供应商打分的方式来进行。具体的考核指标可以参考表2-11。

范本展示 供应商考核表

表2-11 供应商考核表

供应商名称								
考核周期								
供货交期考核（35%）								
供货批次数	供货及时的品批次数		及时交货率			考核得分（满分100分）		
供货质量考核（35%）								
供货数量	拒收（报废）数量	供货批次数	不合格批次数	批次数	退货率	不合格率	考核得分（满分100分）	
创新开发能力考核（20%）								
询价次数	报价成功次数	平均报价周期	开发个数	及时开发个数	开发成功次数	平均开发周期	报价成功率	开发及时率	考核得分

续上表

持续改善能力考核（10%）				
客户投诉及拒收次数	重大来料不合格次数	报告不规范次数	成本降低产品个数	考核得分（满分 100 分）

备注	

对于考核结果不达标，考核分数过低的供应商，采购部门负责人和企业其他相关负责人应结合采购人员意见，决定是否终止与该供应商的合作，以重新寻找其他优质的供应商。

2.3.2 给予激励，增加供应商黏性

对供应商有考核淘汰，也就应该有考核奖励。对于考核达标或考核结果优秀的供应商，企业应该给予一定奖励，以加深彼此的合作关系，实现未来长期的稳定合作。

企业对于供应商的激励手段有很多，可以根据实际情况选择使用。具体的激励方式有以下方面。

①订单激励。该激励方式是比较直接的手段，一般来说，对于同一种采购需求，企业对应的供应商有多家。而此时，对于考核结果优异的供应商，企业就可以将其作为唯一的供应商或在原有基础上加大双方合作，投放更多订单，这样一来可以直接增加该供应商的业务量和利润，也能扩大企业对于供应商的影响力，起到立竿见影的激励效果。

②信用激励。交易的基础是双方的信用，同时也是双方扩大交易和持续交易的基础，信用对于供应商至关重要。因此，企业可以对考核结果优秀、交货及时和产品质量优质的供应商进行信用激励，将以上因素在行业内进行公开宣传，以帮助供应商赢得其他采购企业的信任，扩大其业务量，树立良好形象。

③新产品激励。在传统模式下，企业的新产品开发和生产与供应商是

完全脱离的，供应商只负责提供原料，无法参与产品的研究和开发过程，这种方式下的最理想结果是供应商按时、按质、按量完成交货，但企业无法主动对供应商进行管理。相反，若能对考核结果优秀的供应商进行新产品激励，让其全程参与到新产品的开发中来，使其成为产品开发的一部分，就能从根本上加深双方的关系，实现全面合作。

④信息激励。企业和供应商之间的信息交换是促进彼此发展进步的要素之一，供应商可以通过企业提供的实时且多样化的信息，捕捉市场机会，从而提升自身能力，降低经营成本。而且，企业也可以将信息激励作为奖励供应商的方式，通过向供应商提供及时、有效、充分的信息，提高其市场竞争力。

2.4 供应商还需要后续管理

供应商是企业的特殊客户，也需要对其进行持续不断的后续管理，以维护双方之间的合作关系，实现双赢。同时，供应商的后续管理也是采购工作的一部分。

2.4.1 对供应商进行履约管理

供应商的履约管理主要是指对供应商合同履行的及时性、有效性和完整性进行评估，并通过评估结果得出供应商能有效履约或不能有效履约的结论，根据结论对供应商进行相应管理，做出继续或终止合作的决定。履约管理流程有以下几方面。

（1）确定履约评估责任人

在供应商履行完合约之后，采购企业需要根据合约涉及的部门和相关责任人，确定履约评估的责任人。一般来说，主要包括采购部门负责人、财务部负责人或相关收付款人员、负责该合约的采购人员、采购需求提出部门或员工、检验人员、生产人员及其他与采购事项或合约相关的人员等。

（2）确定评估指标

评估指标是评估责任人得出评估结论的依据，应与采购事项和合约内容紧密相关。一般来说，评估指标主要有采购物料或产品的质量达标情况、交货及时率、采购价格是否合适、交货数量准确率、退货率、履约及时率、退货处理及时率及违约事项处理情况等要素。

（3）得出评估结果，做出调整

在确定评估要素之后，要对不同的要素附上相应的权重和判断标准，评估责任人据此进行打分，所有评估责任人的打分结果便是该供应商履约评估的最终结果。最后采购部门负责人或其他相关负责人要根据评估结果做出供应商是否合格的决定，并填写供应商履约评估反馈表报相关负责人审批。该表格是对供应商履约结果的最终评定，其样式见表2-12。

范本展示 供应商履约评估反馈表

表2-12 供应商履约评估反馈表

供应商名称	
合同履约时间	
履约评估结果	□优秀　□良好　□合格　□基本合格　□不合格
合约具体情况	
评估人意见	
日　　期	

2.4.2 供应商的分类管理

每家企业都不止有一家供应商，若对所有的供应商都采用同一种方法管理，显然不能发挥最大效用。因此，需要对不同的供应商进行分类管理。

不同企业拥有的供应商类型不同，对其分类标准也不一样，最简单的供应商分类方式是将其分成普通供应商和重点供应商。具体来说，可以将其分为 A、B、C 三类。

① A 类供应商：供应的物资价值占企业采购物资价值 60%～70% 的供应商，其数量一般占供应商总数量的 10% 左右。

② B 类供应商：供应的物资价值占企业采购物资价值的 20% 左右，其数量一般占供应商总数量的 20% 左右。

③ C 类供应商：供应的物资价值占企业采购物资价值 10%～20% 的供应商，其数量一般占供应商总数量的 60%～70%。

从以上分类可以看出，A 类供应商是为企业提供物料最多的供应商，满足了企业大部分的采购需求，是企业降低采购成本，增加盈利的主要途径，因此，需要对其进行重点管理。而 B、C 类供应商为企业提供的物料相对较少，企业可以对其进行一般管理。

此外，按照二元分类法，还可将供应商分为产品型供应商和服务型供应商两大类。产品型供应商是指在产品设计、生产及价格等方面具有突出优势的供应商；服务型供应商是指在产品质量、售后服务、交货及信息沟通上具有突出优势的供应商。

针对以上两类供应商，企业的管理重点各有不同。对产品型供应商的管理重点分为以下几方面。

①通过帮助供应商提高产品质量或共同设计生产流程，制定模块化标准使其为企业提供标准化程度更高的产品。

②与供应商一起设计、改进物流系统，尽可能提高供应商在物流方面的绩效表现。

③建立与供应商间的良好信息沟通渠道，及时交换双方关于产品的使用信息，并提高信息传递的精确性，缩短信息反馈时间。

对服务型供应商的管理重点分为以下几方面。

①通过供应商管理帮助其分析供应链流程或生产工艺，在保证产品质量基本不变的前提下削减采购成本。

②及时将需求信息反馈给供应商，在产品改进和新产品开发方面与供应商进行合作，提高其产品创新性。

③建立良好的沟通渠道，做到实时沟通，减少需求信息通知时间，以弥补因生产工艺和计划等因素造成的供应商数量不足的劣势。

2.4.3　如何解决垄断供应商

垄断供应商是指对于某些原料或产品，只有一家或少数几家供应商能够提供。此时，采购企业对于供应商的选择没有太大余地，可能处于不利地位，所以与供应商的关系处理就显得尤为重要。

面对垄断供应商时，企业往往存在着对于某些重要材料过于依赖同一家供应商的情况，同时，这样的供应商常常能左右采购价格，对企业产生极大的影响。因此，为了增强企业采购时讨价还价的能力，可以从以下几个方面来做。

①全球采购。有的供应商虽然在国内市场上处于垄断地位，但在全球市场上却并非如此，因此，企业为了打破供应商的垄断状况，可以从国外寻找采购市场，从中寻找可替代的供应商，以获取讨价还价的机会。

②长期协议。企业对于垄断供应商最大的议价机会是在签订合约，达成合作之前，而议价的最好筹码是较长的合作期限。因此，采购人员可以利用这一点，在双方达成合作协议之前，以较长的合约期限争取尽可能多的优惠。

③充分掌握供应商信息。这主要了解的是供应商对企业的依赖程度。虽然企业的采购需求只有一家或几家供应商能够满足，但企业可以从中寻找受企业自身影响最大的供应商，用自身对供应商的影响作为筹码来与供应商进行议价。

除此之外，企业还可以采用一些方法来降低向垄断供应商采购的成本，具体见表 2-13。

表 2-13　降低向垄断供应商采购成本的方法

方　　法	具体做法
延长保修期	将保修期的计算方式从发货日期开始计算替换成从产品的首次使用时间算起，以延长实际的保修期限
一次性采购	当预期采购价格会上涨时，可以计算出企业的采购需求数量，并据此增加采购数量，一次性采购企业生产或销售所需的所有原料或产品
与其他企业联手	对于同一类采购需求，可以寻找有同样采购需求的其他企业进行合作，从而形成买方优势，以此为筹码与垄断供应商进行议价

2.4.4　如何应对强势供应商

对于采购人员来说，每一次采购合作，都可能会遭到一些强势供应商的"碾压"，此时是强势反击还是忍气吞声呢？

如何拿下强势供应商是令大多数采购人员头疼的问题，因为与强势供应商合作，议价空间几乎为零，但采购人员却不得不想方设法与之和谐相处、融洽合作。为此，采购人员可以从以下几方面着手。

①抓住关键环节和人物。充分了解供应商的机构设置和销售流程，并和供应商内部与采购环节相关的各个节点的关键人物搞好关系，从中争取更多的资源。

②技术替代。优化自身产品方案，并与供应商一起优化其技术方案，对供应商形成技术优势，以此作为企业的筹码与供应商进行谈判。

③做好供应商关系管理。采购人员可以通过与供应商实现多次合作的方式来拉近双方关系，同时变换采购思路，将自身转换为销售型采购人员，抓住供应商的痛点需求，增加技术合作，协同供应商挖掘客户的需求，在做好供应商关系管理的基础上实现采购优势。

采购人员需要明确的是，在处理与强势供应商的关系时，最关键的是保障供应，其次才是议价，最终供应商追求的是利润。因此，采购人员只需抓住对方的根本利益点，并找到成本、质量、交期、服务和技术几个要素中影响供应商利润的核心指标，避开核心指标，要求供应商对非核心指标做出让步，也能实现双方利益最大化。

更多模板

供应商基本信息调查表	供应商整体实力调查表
供应商产品情况调查表	供应商访谈记录表
供应商跟踪记录表	供应商考评表
交期控制表	供应商仓库环境调查表

第3章

稳扎稳打：采购计划和采购预算

"凡事预则立，不预则废。"这句话充分体现了事先计划的重要性，用在采购工作中也一样。要想提高采购的效率，就必须做好采购的事前计划和预算，否则采购行为将是盲目的，无法实现采购工作本身的价值，采购结果也会不符合企业追求盈利的基本要求。

3.1 做好计划和预算，让采购更有准备

做好采购计划和预算是采购人员接到采购任务之后的首要工作，也是采购人员的必备业务技能。通过采购计划，采购人员可以更加明确采购的各项内容，包括采购对象、标准和时限等。而采购预算可以对采购人员进行费用限制，使其为了在预算范围内进行采购而不断学习和掌握采购知识及技能，与供应商进行议价。

计划和预算是两个不同的概念，也是采购工作中不同的分类，采购人员需要分别掌握它们各自的方法和要点。

3.1.1 先确定需求，再制订计划

采购计划是在采购需求的基础上产生的，采购人员只有充分了解企业真实的采购需求，才能制订出满足采购需求的计划，也才能保证完成采购需求，并避免大量库存的产生。

确定采购需求不仅仅需要知道采购的数量，还必须对与采购有关的其他要素进行充分了解，才能真正做到了解采购需求。具体来说，确定采购需求要了解表 3-1 所示的六个要素。

表 3-1 采购需求的六个要素

要 素	描 述
采购数量	即需采购的每一类产品或物料的具体需求的多少
采购质量	即需采购的每一类产品或物料需要达到什么样的质量要求
需求时间	即什么时候需要使用该批采购产品或物料，也从另一角度确定了采购的最长周期
交付情况	包括交付时间、运输方式及质量检验标准和方式
售后服务	即供应商应对采购产品或物料提供售后服务的内容和时间等
供应商其他职责	即除以上内容外供应商还应提供的服务

采购人员在确定了以上采购需求要素之后，通常的做法是将各要素具体内容用统一的需求确认表格记录下来，作为采购需求确认的证明和依据。采购需求确认表的一般样式见表 3-2。

范本展示 **采购需求确认表**

表 3-2 采购需求确认表

采购人	
采购项目 名称及用途	

采购项目需求									
采购项目	数量	质量要求	采购周期	单位	计划单价	总价	交货期	售后服务
技术参数及要求								
付款方式								

3.1.2 制订计划前需要明确计划要素

采购需求的确认其实是采购计划微观要素的确认，而要制订一个完整的采购计划,就需要从宏观方面去明确计划要素,并对每个要素做好进一步的确定。

通常来说,采购计划有六个要素,分别是时间、地点、人物、起因、经过和结果。每个要素包含的内容不同,需要采购人员完成不同的工作。各要素的具体说明见表3-3。

表3-3 采购计划的六个要素

要素	描述
时间	包括采购时间和供货时间两方面。其中,采购时间的确认应考虑询价的时间,询价时间越长,采购时间越短,反之越长。而最后一次供货的时间一般应在采购时间截止前
地点	包括物料采购地点、业务协商地点和物料供应地点。一般来说,物料采购地点和业务协商地点直接由采购部门或采购人员确定。而物料供应地点与物料的生产制造地点相关,为节约成本和提高效率,物料供应地点一般不应距离生产地点太远
人物	包括采购对象和物资供应对象。采购对象是指采购人员可选择的所有供应商,物资供应对象是在所有可选择的供应商中确认的、最后的、唯一的供应商
起因	即采购需求产生的原因,一般是企业生产或销售需要,采购需求部门或人员提出需求并获得相关负责人同意,最终形成采购任务
经过	即采购过程中各项内容的确定,包括其他部门配合需求、付款方式、运输方式、质量检验方式和标准以及价格是否合理等
结果	即采购后续事项的处理,包括发票的出具和检验、交付要素和约定要素的确认、装卸方式和手续交接等

3.1.3 制订采购计划的规范流程

采购计划是根据生产部门或其他使用部门的计划制订的包括采购物料、采购数量和需求日期等内容的计划,能有效为企业采购提供依据,提高企业的资源配置效率,有助于帮助企业取得更高的经济效益。

制订采购计划是采购实施的最初环节,其制订需要遵循一定的规范流程,主要如图3-1所示。

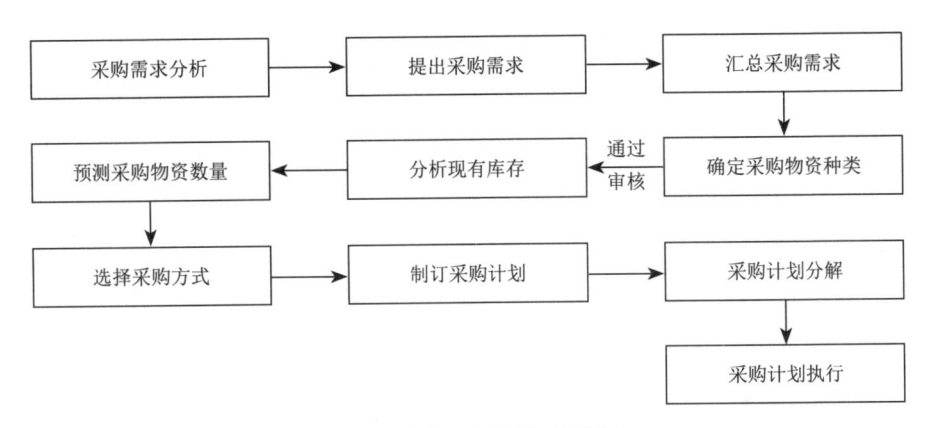

第3章 稳扎稳打：采购计划和采购预算 | 65

```
采购需求分析 → 提出采购需求 → 汇总采购需求
                                      ↓
预测采购物资数量 ← 分析现有库存 ←通过审核— 确定采购物资种类
       ↓
选择采购方式 → 制订采购计划 → 采购计划分解
                                      ↓
                                 采购计划执行
```

图 3-1 制订采购计划的流程

按照以上流程，需要最终确认出采购计划的具体要素并用统一的表格样式确定下来，采购计划表样式见表 3-4。

范本展示 采购计划表

表 3-4 采购计划表

公司名称							制表时间					
序号	物料名称	使用部门	型号	规格	单位	单价	计划采购量	库存量	安全储量	预算金额	采购周期	采购方式	订货时间	到货时间	采购负责人
备注															

3.1.4 什么样的预算是有效的预算

除了制订采购计划之外，采购预算也是采购工作中必不可少的环节。

采购预算是指一定计划期间内（如年度、季度或月度）采购所需的用款计划。

一般说来，制订采购预算主要是为了促进采购计划工作的顺利开展与完善，降低采购的风险，合理安排有限资源，提高资源分配的效率，对成本进行控制等。有效的预算应该包括以下要素。

①按付款金额制订。采购预算应以实际付款的金额来编制，而不以采购的金额来编制，这样才能使预算工作对实际的资金调度工作发挥作用。

②适当的时间范围。预算的时间范围要与企业的计划期保持一致，绝不能过长或过短。长于计划期的预算没有实际意义，浪费人力、财力和物力，而过短的预算又不能保证计划的顺利执行。

③合理地配置资金。由于受到客观条件的限制，企业所能获得的可分配的资源和资金在一定程度上是有限的，因此企业的管理者必须通过有效分配有限的资源来提高效率以获得最大收益。

④建立资金的使用标准。预先设定资金的使用标准，能提高项目资金的使用效率，对采购过程中资金的使用情况随时进行监测和控制，能有效控制资金的流向和流量，确保资金的使用额度在合理的范围内浮动。

有了采购预算的约束，采购计划才能真正得到执行，采购管理中资源分配的效率才能有所提高，从而达到控制采购成本，协调组织经营的目的。

> **知识扩展** 良好的企业要保证有良好的资金流
>
> 　　一个良好的企业不仅要赚取合理的利润，还要保证有良好的资金流。良好的预算既要注重实际，又要强调财务业绩。例如，某企业的每个部门都提交了它的年度预算，涉及部门一年内所要开展的各种活动和所需资金、人员等情况，高层管理人员和会计部门会根据年度财务计划来核定业务费用，使人员、资金、设备等与预测的需求相匹配。

3.1.5　编制预算的要点及流程

编制采购预算的行为是对组织内部各种工作进行稀缺资源的配置，目的是增强采购的科学性,提高企业经济效益。为了实现这一目标,在编制采购预算时,采购人员要牢记表 3-5 所示的要点。

表 3-5 编制采购预算要牢记的要点

条目	要点
1	编制预算前要进行深入的市场调研,广泛收集相关信息,包括:采购品的价格、该采购品的市场供求状况、国家的经济形势、汇率变化及费用限额等。还要对这些信息进行必要的加工整理,作为编制预算的参考。只有如此,才能保证预算指标富有弹性,以灵活应对市场的变化,使采购预算能够切实发挥其控制作用
2	制订切实可行的预算编制流程、预算方法及预算执行情况的分析监管办法等,以提高采购预算编制的科学性
3	设定必要的假定,使预算指标建立在一些未知而又合理的假定因素的基础之上,以利于采购预算编制工作的顺利进行
4	每项预算应尽量具体化、数量化。在编制采购预算时,每一项支出都要尽可能地具体详细,对每一项采购都要写明具体的数量和价格。这样做既有利于对预算编制的准确性进行审核,又有利于采购部门发现能节约开支的环节
5	鼓励各方积极参与采购预算编制工作。采购预算是采购部门为配合企业的总体生产经营进行的预测,对所需要采购的商品数量按成本进行估计,它涉及企业的各个方面,如果采购预算由采购部门单独编制,会缺乏实际的应用价值。因此,采购预算的编制需要其他部门的配合,各部门及时沟通,有利于提高采购预算的科学性和可行性

在牢记以上几点的基础上,制订初步采购预算时,采购人员需要考虑以下几方面因素。

①存量管理卡及用料清单。

②商定的库存水平和目前的交货周期。

③相关期间的生产进度和生产效率。

④主要原料和零部件的长期价格趋势。

⑤物料标准成本的设定。

由于影响采购预算的因素很多,因此采购预算应及时调整。采购部门应与销售、生产等部门保持联系,针对销售、生产的实际情况调整计划和预算,并与财务部门配合做好资金分配工作。

> **知识扩展** 预算编制时为什么要事先假定一些预算指标之间的关系
>
> 预算编制中的一个难点是预算编制不可避免地要面对一些不确定因素，所以不得不预先假定一些预算指标之间的关系。例如，在确定采购预算的现金支出时，必须预先假定各种商品价格的未来走向。为此，在编制采购预算时，一方面要对历史数据进行充分分析，另一方面要对未来的判断设定合理的假定，这样才能保证采购预算的合理性和可行性。

在充分掌握影响采购预算的因素之后，采购预算的编制可以依据规范的预算编制流程进行，如图 3-2 所示。

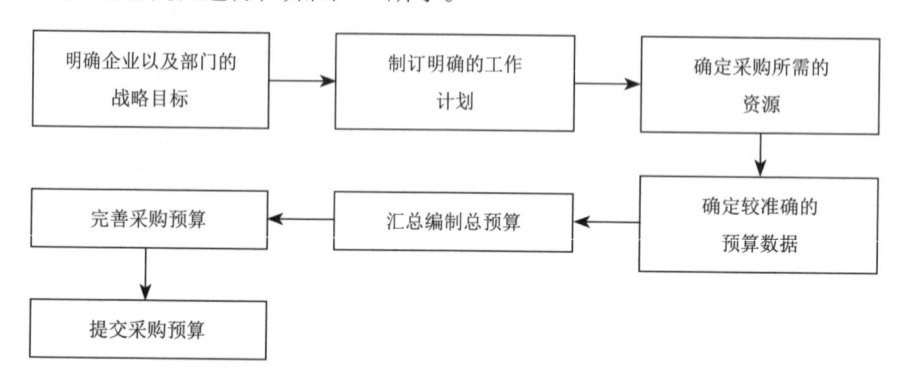

图 3-2 采购预算编制的流程

下面对整个流程进行分解，详细介绍流程中各个步骤的含义，以及对采购人员的操作要求。

①第一步，明确企业以及部门的战略目标。采购部门作为企业的一个部门，在编制采购预算时要从企业总体的战略规划出发，审查本部门和企业的目标，确保两者协调一致。

②第二步，制订明确的工作计划。采购人员必须了解本部门及相关部门（如生产部等）的业务活动，明确采购的责任和范围，制订出详细的工作计划。

③第三步，确定采购所需的资源。按照详细的工作计划，采购人员要对采购支出做出切合实际的预估，预测为实现目标所需要的人力、物力和

财力等资源。

④第四步，确定较准确的预算数据。目前，普遍的做法是将目标与历史数据相结合来确定预算数，即对过去的历史数据和未来目标逐项分析，使收入和成本费用等各项预算切实、合理和可行。对过去的历史数据进行分析可采用比例趋势法、线性规划及回归分析等方法，找出适用本企业的数学模型来预测。

⑤第五步，汇总编制总预算。财务部对各部门预算草案进行审核、归集和调整，汇总编制总预算。

⑥第六步，完善采购预算。该过程包括确定预算偏差范围、计算偏差值和调整不当预算偏差这三项内容，具体操作如图 3-3 所示。

● **确定预算偏差范围**

由于预算总是或多或少地与实际有所差异，因此，企业必须根据实际情况选定一个偏差范围。偏差范围可以根据行业平均水平或企业的经验数据来确定。

● **计算偏差值**

为了控制和确保采购业务的顺利开展，采购人员应该定期比较采购实际支出和采购预算支出的差距，计算预算偏差值（采购实际支出金额减去采购预算支出金额）。

● **调整不当预算偏差**

如果预算偏差值达到或超过了允许的范围，采购人员则需要分析原因，对具体的预算提出修改建议，进行必要的完善。

图 3-3　完善采购预算的工作内容

⑦第七步，提交采购预算。编制好的采购预算应该提交给企业负责人批准，批准后方可执行。

3.1.6　采购预算的编制方法

编制采购预算的方法有多种，比如固定预算、滚动预算、弹性预算、零基预算等。各种方法的编制原理不一样,各有各的特点,企业应根据自身的条件及所处的外部环境选择合适的预算编制方法。

编制采购预算的方法有多种,比如固定预算、滚动预算、弹性预算、零基预算等。各种方法的编制原理不一样,各有各的特点,企业应根据自身的条件及所处的外部环境选择合适的预算编制方法。

(1) 固定预算

又称静态预算,是指企业按照预算期内预定的经营活动水平,不考虑预算期内经营活动水平可能发生的变动而编制的一种预算。适用于市场稳定的成熟期企业,也适用于控制企业固定费用。

由于固定预算是一种比较简单的预算方法,所以如果企业预算水平偏低,则可以使用固定预算法。

(2) 滚动预算

又称永续预算或连续预算,是指在预算的执行过程中自动延伸,使预算期永远保持在一定时期(一般为一年),每过一个月(或季度)可根据新的情况进行调整和修订后几个月(或季度)的预算。

滚动预算的编制程序为:凡预算执行过一个月后,即根据前一个月的经营成果,总结执行中发生的变化等信息,对剩余的 11 个月的预算加以修订,并自动后续一个月,重新编制一年的预算。这样逐期向后滚动,连续不断地以预算的形式来规划未来的经营活动。

由于滚动预算能够结合新的变化,不断调整或修订,因此可以保持预算的连续性与完整性,从而使预算充分发挥对实际采购工作的指导和控制作用。

但是,滚动预算是一种较为复杂的预算方法,编制的工作量较大,因此适合预算水平较高的企业。

(3) 弹性预算

又称变动预算,是指在编制预算时,考虑到计划期间采购业务量可能发生的变化，根据固定成本、变动成本与经营活动水平的关系而编制出一套能适应多种采购业务量的财务预算，以便分别反映各业务量所应开支的费用水平。由于这种预算是随着业务量的变动做机动调整，适用面广，具有弹性，故称为弹性预算。

弹性预算的编制程序为：确定某一相关范围，将其设定在正常生产能力的 70%～110% 之间，然后以成本形态分析为基础，将成本区分为固定成本和变动成本两部分，某一项目预算数的计算公式如下所示。

$$弹性预算=单位变动成本 \times 业务量水平+固定成本预算数$$

弹性预算法能够适应不同经营活动情况的变化，可以方便地计算出在任何实际业务量水平下的预测成本，适用于处于初创期或成长期，市场份额和产品市场价格不稳定，业务量经常变动的企业。也适用于事后细致分析各项费用节约或超支的原因，及时解决发生的问题。

（4）零基预算

又称零底预算，是指在编制预算时，对于所有的预算支出均以零点为基础，不考虑其以往情况如何，从实际需要与可能出发，研究分析各项预算费用开支是否必要合理，进行综合平衡，从而确定预算费用。

零基预算的编制程序为：采购部门根据企业的经营目标，详细提出预算期内需要发生的各种业务活动及其费用开支的性质、目的和数额；对各项预算方案进行成本效益分析和审查；根据生产经营实际需要和资金供应的可能，进行择优安排，分配资金，落实预算。

零基预算不但能压缩经费开支，而且能切实做到把有限的资金用在最需要的地方，使资金利用更合理，从而提高经济效益。

由于一切开支都要从头进行分析研究，因而编制零基预算的工作量较大，费用较高。针对零基预算的缺陷与不足，合理的解决办法是：每 3～5 年编制一次零基预算，编制后的几年内再做适当调整，以减少浪费和低效。

3.2 采购量的确定要考虑库存

企业采购生产所需的物资时，不能盲目地一味购进而不考虑相关原材料、辅料或生产设备的库存情况。如果不考虑库存这一影响因素，采购人员完成工作后可能会遇到库存量太大，造成原材料积压的困难。

一旦原材料积压过多，难免会导致材料过时、变质、腐烂或失效，从而使企业蒙受不必要的经济损失。所以，采购人员在制订采购计划时，要将库存情况考虑在内。

3.2.1 库存周期是决定采购量的一个因素

库存是企业仓库中实际存储的货物，而每一种货物有其自身的库存周期，即货物"从无到有，再从有到无"的过程。库存周期关系到企业采购单的发出时间、产成品的出货安排以及计算安全库存和最佳采购补货时间等问题。

在实际工作中，有的企业和采购人员根据如下所示的计算公式表示库存周期与采购的关系。

$$采购周期 = 库存周转期 - 库存使用周期$$

$$库存使用周期 = 库存总量 \div 日均耗用量$$

由此可看出，库存周期与采购之间有间接关系，库存周期的长短只能影响采购活动的进行与否，无法通过库存周期的长短来准确地计算出下一期需要采购的材料物资的数量。

虽然采购人员不能利用已知的库存周期计算出准确的采购量，但可通过库存周期分析出是否需要进行下一周期的采购，甚至大致估算出采购量。

如果货物或材料的库存周期较短，说明企业的库存周转速度较快，能以较低的库存水平满足较大的业务需求。此种情况下，企业在采购时就需要严格控制供应商的供货时间，防止供应商供货不及时而导致企业库存不足,进而影响生产进度和销售业绩。同时,可选择多采购一些材料物资,进而延长原来的库存周期,让企业"喘一口气"。

相反,如果货物或材料的库存周期较长,说明企业的库存周转速度较慢。此种情况下,企业在采购时可以与供应商商议一个合适的供货时间,既可以让供应商有充足的时间备货,也不会给企业自身造成库存积压。而且,如果遇到供应商无法尽早供货的情况,还可以通过适当延长交货时间来压低进货价格,降低企业的采购成本。也可以在原来采购计划的基础上少购进一些材料物资,调整库存周期,使其缩短。

总体来看,如果原有库存周期短,一方面可按照原本的采购量计划和库存周期,采用较短的采购时间完成采购;另一方面,可维持原来的采购时间不变而加大采购量,进而调整以后的库存周期,使其延长。原有库存周期长,一方面可按照原本的采购量计划和库存周期,给足供应商备货时间,用较长采购时间完成采购;另一方面,可维持原来的采购时间不变而减少采购量,进而调整以后的库存周期使其缩短。

3.2.2 把握零库存和适当库存

"零库存"是一种特殊的库存概念,其含义是指以仓库存储形式的某种或某些物品的储存数量很低,甚至可以为"零",即不保持库存。而适当库存就是企业常说的"安全库存",它是为了预防需求或供应方面不可预测的波动,而在仓库中经常应保持的最低库存量。一般来说,采购量与库存量之间的关系可用如下计算公式表示。

$$采购量 = 安全库存量 - 实际库存量$$

当企业库存现状满足采购的触发条件时,企业就需要制订计划进行采购。而采购的触发条件一般是:库存量-耗用量(销量)<最低安全库存量。也就是说,当企业材料物资的库存量扣除即将耗用的数量后的余下数量,小于事先确定的最低安全库存量时,采购人员就必须开始制订采购计划并积极实施采购工作,以保证安全库存量。

一个企业在初始状态下，库存结构为多种材料物资和产品的最大安全库存量。当销售行为发生时，材料物资和产品的库存量就会减少，当材料物资和产品的最终库存量等于或少于最小安全库存量时，就会产生采购行为。采购回来的材料物资和产品入库后，相应的库存量就会增加。再次发生销售行为，库存量又会减少。

这样循环往复，就会使企业的库存结构每天都发生变化。而库存结构一旦变动，就是在提醒采购人员，确认材料物资够不够、是否需要进行采购活动等。

在实际采购环节中，采购人员根据生产部门提供的安全库存量，可计算出采购量。而对于企业来说，安全库存量的大小主要由顾客服务水平（或订货满足）来决定，采购管理制度严谨的企业会根据顾客服务水平来推算安全库存量，进而方便采购人员确定采购量。相关计算公式如下。

顾客服务水平＝年缺货次数÷年订货次数

通常，在确定安全库存量时，一般将需求变化情况认定为符合正态分布，涉及均值、标准差和提前期（即采购发生日期到库存量用完日期之间的时间段）等因素。当提前期内需求状况的均值和标准差一旦被确定，利用下面的公式就可计算出安全库存量。

安全库存量＝一定顾客服务水平需求化的安全系数（Z）×SQRT（提前期的长短L）×提前期内需求标准差

下面通过一个具体的案例来学习企业是如何确定安全库存量的。

应用示例 如何确定安全库存量

某饭店的啤酒平均日需求量为15升，且啤酒需求情况服从标准差为3升/天的正态分布，如果提前期是固定的常数9天，且要满足95%的顾客满意度，则相关计算过程如下。

要求顾客满意度为95%，即$F(Z)=95\%$，则$Z=1.65$（通过查询标准正态分布表可得知）。根据相应公式就可求出安全库存量。

安全库存量＝$1.65×3×$SQRT$(9)=14.85$（升）

即在满足95%的顾客满意度的情况下，企业的安全库存量为14.85升。这里的SQRT为特定的统计原理，即开平方根。

另外，如果提前期发生变化，而需求情况是确定的常数，则安全库存量的计算公式会有所不同。

安全库存量＝一定顾客服务水平需求化的安全系数（Z）× 提前期内需求标准差 × 提前期内的日需求量（d）

该饭店的服务均值为9天，其他情况不变，则要满足95%的顾客满意度的安全库存量计算如下。

安全库存量 = 1.65×3×15 = 74.25（升）

由上述案例可知，提前期的固定与否会影响企业在计算安全库存量时公式的选择。

如果采购部门判断出企业的安全库存量小于或等于实际库存量，则可以不用实施采购活动，如果判断出安全库存量大于实际库存量，采购人员就需要开始计划进行采购工作。

3.2.3 采购量计算的五种方法

除了前述介绍的确定采购量的方法外，还有一些其他的采购量计算方法，具体有以下五种：经济订购批量法、批量对批量法、固定期间内需求法、固定订货间隔时间法和SM算法。

（1）经济订购批量法

只要当前库存不能满足需求，就固定地按照经济订货批量补货，即使是与需求量只差一件材料，也要补足，这种方法就称为经济订购批量法。比如，库存量为50，而需求量为51，其固定的订购量为100，当前只差一件材料，但根据经济订购批量法的规定，也要采购100件材料。由此可知，在该方法下，期末库存可能会很高，库存的持有成本比较大。表3-6所示的是采用该方法进行采购的库存计划模板。

表 3-6　经济订购批量法的库存计划模板

周	1	2	3	4	5	6	7	8	9	10	合计
需求/件	77	42	38	21	26	112	45	14	76	38	489
补足量/件	147	0	147	0	0	147	0	0	147	0	588
期末库存/件	70	28	137	116	90	125	80	66	137	99	948
订货成本/元	132	0	132	0	0	132	0	0	132	0	528
持有成本/元	42	17	82	70	54	75	48	40	83	59	569
成本合计/元	174	17	214	70	54	207	48	40	215	59	1 097

第 1 周需求量为 77 件，企业采购 147 件完成补货，期末库存为 70 件。

第 2 周需求量为 42 件，库存还能满足该需求，所以不采购，即补足量为 0，期末库存为 28（70-42）件。

第 3 周需求量为 38 件，库存不能满足需求，所以要采购，此时按固定的采购量 147 件补货，期末库存为 137（28+147-38）件。

第 4 周需求量为 21 件，库存能满足该需求，所以不采购，补足量为 0，期末库存为 116（137-21）件。

以此类推，就形成了如图 3-4 所示的库存计划模板。在该方法下，采购人员不需要考虑制订采购计划，只要库存不能满足需求了，就按同样的订货量实施采购工作即可。

（2）批量对批量法

要多少补多少，不多不少刚刚好。这种方法会使企业采购活动频繁，采购次数多，库存的采购成本较大。并且，补足量就是需求量，企业没有期末库存，容易造成材料物资断货，进而影响企业生产活动的进行。表 3-7 所示的是该方法下的库存计划模板。

表 3-7　批量对批量法的库存计划模板

周	1	2	3	4	5	6	7	8	9	10	合计
需求/件	77	42	38	21	26	112	45	14	76	38	489

续上表

补足量/件	77	42	38	21	26	112	45	14	76	38	489
期末库存/件	0	0	0	0	0	0	0	0	0	0	0
订货成本/元	132	132	132	132	132	132	132	132	132	132	1 320
持有成本/元	0	0	0	0	0	0	0	0	0	0	0
成本合计/元	132	132	132	132	132	132	132	132	132	132	1 320

在该方法下，采购人员也不需要另行计算采购量，生产部门上报需要多少材料物资就采购多少材料物资。

（3）固定期间内需求法

采购部门确定一个固定的采购周期，然后补足相应的需求量。比如，固定期间为两周，则每两周进行一次采购补货，且只补足这两周的需求量。

这是批量对批量法的另一种形式，只有在发生采购行为的那一周有采购成本和持有成本，没有发生采购行为的那一周，既没有采购成本也没有持有成本。

表 3-8 所示的是该方法下的库存计划模板。

表 3-8　固定期间内需求法的库存计划模板

周	1	2	3	4	5	6	7	8	9	10	合计
需求/件	77	42	38	21	26	112	45	14	76	38	489
补足量/件	119	0	59	0	138	0	59	0	114	0	489
期末库存/件	42	0	21	0	112	0	14	0	38	0	227
订货成本/元	132	0	132	0	132	0	132	0	132	0	660
持有成本/元	25	0	13	0	67	0	8	0	23	0	136
成本合计/元	157	0	145	0	199	0	140	0	155	0	796

第 1 周和第 2 周的总需求量为 119（77+42）件，所以第 1 周的采购量为 119 件，第 2 周不采购，期末库存为 0。

第 3 周要进行采购活动，且采购量为第 3 周和第 4 周的总需求量 59（38+21）件，第 4 周不采购，期末库存为 0。

第 5 周要进行采购活动，以此类推。该方法要求采购部门在单周进行采购活动，且采购量为后两周的总需求量，而双周不用进行采购活动。在实际操作过程中，单双周是由企业自行确定的，所以企业也可能是在双周的时候进行采购补货。

（4）固定订货间隔时间法

采购部门确定一个采购间隔时间，然后补足相应的需求量，这种方法可以理解为固定期间内需求法的一个变形。表 3-9 所示的是该方法下的库存计划模板。

表 3-9　固定订货间隔时间的库存计划模板

周	1	2	3	4	5	6	7	8	9	10	合计
需求/件	77	42	38	21	26	112	45	14	76	38	489
补足量/件	157	0	0	159	0	0	135	0	0	38	489
期末库存/件	80	38	0	138	112	0	90	76	0	0	534
订货成本/元	132	0	0	132	0	0	132	0	0	132	528
持有成本/元	48	23	0	83	67	0	54	46	0	0	321
成本合计/元	180	23	0	215	67	0	186	46	0	132	849

由图 3-7 可知，企业每隔两周就进行一次采购活动，这里的固定订货间隔时间为两周，也是指固定期间内需求法下固定期间为 3 周的一种采购量计算方法。第 1 周采购量为第 1、2 和 3 周的总需求量 157（77+42+38）件，第 4 周采购量为第 4、5 和 6 周的总需求量 159（21+26+112）件，以此类推，形成固定订货间隔时间法。

（5）SM 算法

SM 算法是由一位供应链管理专家发明的，其出发点是寻找一种最简单的算法来有效控制库存。而很多人认为库存控制最简单的做法就是一次性完成补货，但实际上是否如此呢？在 SM 算法下就可通过计算平均库存（即 TRC/T 的比值）来验证。TRC 代表期间总库存成本，T 代表期间。假设表 3-10 所示的是用 SM 法算出的前 6 周平均库存成本的情况。

表 3-10　SM 法算出的平均库存成本

周	1	2	3	4	5	6
需求 / 件	77	42	38	21	26	112
TRC/T/ 件	132	78.6	67.6	60.15	60.6	106.5

132＝132÷1，78.6＝（132+0.6×42）÷2，67.6＝（132+0.6×42+2×0.6×38）÷3，其余比值以此类推。式中的 0.6 为该算法下的某一代表值，具体取值为多少，将根据公司采购实情而定。观察前 6 周的计算结果可发现一个趋势，前 4 周的比值一直呈下降趋势，到第 5 周出现拐点，开始回升。SM 算法的独到之处就在于此：哪一个时间的比值开始出现回升，就从那个时间重新采购补货。由此可知，企业在经营过程中，不能一次性完成补货，第一次采购补货只能满足一定时间的材料物资需求量。

就图 3-8 中的情况而言，第一次采购补货只能满足前 4 周的需求量，即 178（77+42+38+21）件，第 5 周又要重新采购补货。在第 5 周进行采购活动时，又假设一次性将以后 6 周的需求全部一次性补充回来，按照同样的方法计算 TRC/T 比值，进而又能确定下一个采购时间。如表 3-11 所示。

表 3-11　SM 法的库存计划模板

周	1	2	3	4	5	6	7	8	9	10
需求 / 件	77	42	38	21	26	112	45	14	76	38
TRC/T/ 件	132	78.6	67.6	60.15	60.6	106.5				
TRC/T/ 件					132	99.6	84.4	69.6	92.16	
TRC/T/ 件									132	77.4

所以，SM 算法可准确地计算出企业进行采购活动的具体时间。

3.2.4 实施 JIT 采购降低成本

JIT 采购又称为准时化采购，它是由准时化生产管理思想演变而来的，其基本思想为：把合适的数量、合适质量的物品，在合适的时间供应到合适的地点。

准时化采购不但能最好地满足企业生产需要，而且可以极大地消除库存，最大限度地避免浪费，从而极大地降低企业的采购成本和经营成本，提高企业的竞争力。该采购方法在美国企业中使用比较广泛，且取得了良好的应用效果。

由于实施 JIT 采购对企业的基础工作、人员素质和管理水平等要求较高，所以，在我国实施该采购方法的企业数量并不多，主要集中在汽车和电子产品等行业。它是准时化生产系统（JIT）的重要组成部分，而 JIT 系统是指企业在生产自动化和电算化的情况下，合理规划并大大简化采购、生产及销售过程，使原材料进厂到产成品进入市场能够紧密衔接，尽可能减少库存，从而达到降低产品成本、全面提高产品质量、劳动生产率和综合经济效益的目的。

JIT 采购具有七个明显特点：合理选择供应商，并与之建立战略伙伴关系，要求供应商进入制造商的生产过程；小批量采购；实现零库存或少库存；交货准时，包装标准；信息共享；重视教育与培训；严格的质量控制，产品国际认证。因此，可根据这些特点进行采购活动，相关做法见表 3-12。

表 3-12　JIT 采购下的做法

策　略	做　　法
采用较少的供应商	企业可考虑单源供应，即对某一种原材料或外购件只从一个供应商那里采购。一方面，企业对供应商的管理比较方便，且可以使供应商获得内部规模效益和长期订货，从而使购买原材料和外购件的价格降低，有利于降低采购成本；另一方面，可以使企业成为供应商的一个非常重要的客户，加强双方之间的相互依赖关系，有利于建立长期稳定的供需合作关系，使材料物资的质量更有保证。但是，这种做法也有风险，比如供应商可能因意外原因中断交货，企业不能得到竞争性的采购价格，对供应商过于依赖等

续上表

策　略	做　　法
进行小批量采购	由于企业对原材料和外购件的需求是不确定的，而 JIT 采购又旨在消除原材料和外购件库存，为了保证准时且按质、按量供应所需的原材料和外购件，采购必然是小批量。而小批量采购必然会增加运输次数和运输成本，对供应商来说不划算，尤其是当供应商要进行远距离运输时，实施 JIT 采购的难度会特别大。因此，实施小批量采购的前提，要么是供应商在地理位置上靠近企业；要么是由一个专门的承包运输商或第三方物流企业负责送货，按事先达成的协议搜集分布在不同地方的供应商的小批量物料，准时按量送到企业的生产线上；要么是让一个供应商负责供应多种原材料和外购件
选择优质供应商	要顺利实施 JIT 采购模式，在选择供应商时就需要对供应商按照一定标准进行综合评价，评价的标准包括产品质量、交货期、价格、技术能力、应变能力、批量柔性、交货期与价格的均衡、价格与批量的均衡以及地理位置等。选择了优质供应商并建立良好合作关系后，很多工作就可简化，比如订货、修改订货、点数统计和品质检验等，从而减少浪费，降低采购成本
保障采购物资的质量	实施 JIT 采购后，企业的原材料和外购件的库存很少甚至为零，因此，为保障企业生产经营的顺利进行，采购物资的质量必须从根源抓起，质量问题由供应商负责，而不是由企业的物资采购部门负责。为此，供应商最好能参与企业的产品设计过程，而企业也要帮助供应商提高技术能力和管理能力
保证采购供需信息准确、实时	实施 JIT 采购时要求供应商和企业之间进行有效的信息交流，而信息内容包括生产作业计划、产品设计、工程数据、质量、成本和交货期等

JIT 采购是基于供应链管理环境下的采购方式，而在供应链管理环节中的采购活动是以订单驱动方式进行的，生产订单是在客户需求订单的驱动下产生的，而生产订单驱动企业生成相应的采购订单，采购订单再驱动供应商。

所以，JIT 采购模式也是一种订单驱动模式，驱动供需双方都围绕订单进行生产经营，实现准时化和同步化运作。

3.3　有生产目标才能更好地计划采购

企业在实际生产经营过程中，不仅在 JIT 采购模式下才会出现生产订单驱动采购订单的生成，事实上，当下市场中很多企业的经营活动都通过生产驱动采购。所以，企业有了生产目标才能更好地计划采购活动的实施。

3.3.1 研究下一阶段的生产计划

生产计划是关于企业生产运作系统总体方面的计划，是企业在计划期内对应达到的产品品种、质量、产量和产值等生产任务的计划及对产品生产进度的安排。

生产计划由企业的生产部门根据销售部门接受的产品订单情况而制订，而生产计划又将作为企业采购部门采购材料物资的标准和依据，采购人员根据生产部门的生产计划制订合适的采购计划，保证生产部门一定时期内所需的材料物资是充足的，同时保证生产部门在使用材料物资后不会有太多的库存。

因此，采购部门及相关采购人员要认真研究生产部门提供的生产计划，从而做出恰当的采购计划。一般来说，采购人员要根据生产计划和物料清单编制采购计划。对于一个企业来说，为了保证其生产计划的需要，会涉及很多方面的物资材料，比如直接用于生产产品的生产物资、工作人员的办公物资及辅助生产所需的机器设备等。

应用示例 如何通过生产计划制订采购计划

某企业2022年9月接到一批水泥订单，共5 000吨，已知生产1吨水泥需要1.3吨石灰石，0.1吨煤灰，0.015吨铁粉，0.02吨煤矸石。

企业采购人员分析其生产计划可知，需要6 500吨石灰石，500吨煤灰，75吨铁粉，100吨煤矸石。

如果企业的这些原材料都没有存货，则采购人员在制订采购计划时，要比需求量多购进一些，购进量要符合企业每一种原材料的安全库存量。比如，石灰石的单位安全库存量为2吨，煤灰的单位安全库存量为0.5吨，铁粉的单位安全库存量为0.1吨，煤矸石的单位安全库存量为0.1吨，那么，该企业在制订采购计划时，石灰石、煤灰、铁粉和煤矸石的采购量应为3.3（2+1.3）吨、0.6（0.1+0.5）吨、0.115吨（0.015+0.1）和0.12（0.02+0.1）吨，而不是 1.3 吨、0.1 吨、0.015 吨和 0.02 吨。

如果企业的这些原材料都还有存货，比如，石灰石的单位库存量有 0.5 吨，煤灰有 0.05 吨，铁粉有 0.01 吨，煤矸石有 0.01 吨，则采购计划中，石灰石、煤灰、铁粉和煤矸石的采购量应分别是 2.8（2−0.5+1.3）吨、0.55（0.5−0.05+0.1）吨、0.105（0.1−0.01+0.015）吨和 0.11（0.1−0.01+0.02）吨。

上述案例中涉及企业的生产物资采购，采购量可根据生产计划和库存量确定。如果是企业的工作人员办公物资或辅助生产的机器设备等需要采购，则相关部门申请购买多少，经过审核确定后就采购多少。

3.3.2 确定采购项目

企业实施采购计划时，采购的项目不仅包括生产用材料物资，还有非生产性材料物资和固定资产。

在一段时间内，企业为了满足经营活动的需要，不只会采购生产用材料物资，还会采购其他物资，而为了防止漏掉需要采购的项目，采购人员需要确定好采购项目，列出一个采购清单，结合供货周期、库存情况和市场行情等综合因素，合理编制月度采购计划表，然后按照采购清单和计划表实施采购活动。

应用示例 水泥生产企业的采购项目的确定

水泥生产企业的采购项目主要包括生产物资石灰石、煤灰、铁粉和煤矸石，另外还可能涉及生产用的固定资产，如破碎设备、粉磨设备、收尘设备、选粉设备、热工设备和输送设备。

除此之外，其他部门还可能申报购买办公用品，如电脑、办公用笔和笔记本等。

这些生产物资、固定资产和办公用品等都属于采购人员在制订采购计划时需要列明的采购项目。

当然，若当期生产部门没有提交购置生产设备的申请材料，采购人员制订的采购计划中就不涉及生产设备这一采购项目；或者其他部门当期没有提交办公用品的购置申请，采购项目也不涉及办公用品这一采购项目。

表 3-13 所示的是某公司的设备采购清单。

表 3-13 设备采购清单

序号	主要设备	数量	单位	预算单价	预算总价
1	70 寸智能教学终端	1	套	3.5	3.5
2	BMS 锂电池管理系统实训台	1	套	13	13
3	电动汽车动力系统实训台 + 电动车数据检测仪	1	套	14.35	14.35
4	交流立式充电桩	1	套	1.5	1.5
5	奔驰专用诊断设备 BENZ STARC5（带电脑、电脑架、诊断线）	1	套	1.8	1.8
合　　计					34.15

更多模板

请购单	物料需求计划表
季度采购计划表	直接材料预算表
采购预算变更申请表	采购预算与实际合同数据对比表
辅助材料采购预算表	公司采购预算调整申请单

第4章

选择模式：模式不同策略不同

企业采购部门在实施采购计划时，对于采购的方式也要慎重考虑。不同的材料物资可能适用于不同的采购方式，比如询价采购、招标采购。细分到采购模式，不同的采购情形也需要选择合适的采购模式，如集中采购、分散采购、即时采购和电子商务采购。

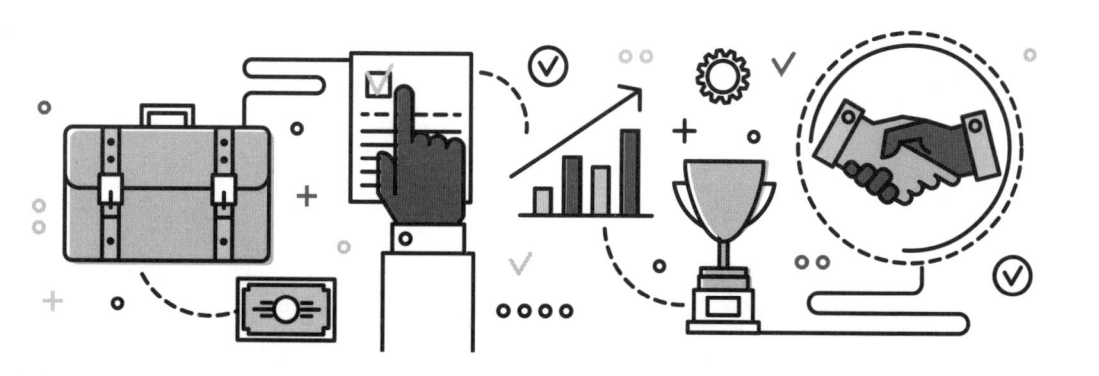

4.1 采购询价，简单易行

采购方式中的询价方式是指采购人员向相关的潜在供应商（一般不少于 3 家）发出询价单让其报价，然后在报价的基础上进行比价和议价，同时确定最优供应商的采购方式。听起来好像很复杂，但我们只要做好下面的工作，其实询价采购也不难。

4.1.1 做好询价前的准备工作

要使询价采购工作更容易，企业采购人员需要在询价之前做一些准备工作，大致有如下一些方面。

（1）明确采购价格的种类

企业采购人员在进行采购工作时，会遇到很多采购价格，如送达价与出厂价、现金价与期票价、净价与毛价、合约价与现货价及定价与实价等。不同的价格有不同含义，采购人员要牢记这些价格的含义（参考本书 1.3.1 节的内容），避免采购过程中弄错采购成本。

各种价格在具体实施采购工作的过程中是不一样的，有些价格高，有些价格低。比如，一般情况下，出厂价会比到厂价高，采购人员要根据公司的实际情况，决定使用哪一个价格作为采购价，这一决定会关系到企业的采购成本。

又比如，采购活动的买卖双方的定价与最终实际支付的价款不一致时，采购成本的确定要以实价为准，而不是定价。或者，企业采购人员在向供应商订货时约定了一个采购价格，此时的采购价格称为"毛价"，而供应商在企业支付货款前给予了一些折扣优惠，最终企业以折扣后的价格向供应商支付采购的货款，此时企业实际支付的采购货款称为"净价"，这种情况也会影响采购成本。

（2）掌握市场价格水平

对采购人员来说，掌握所购材料物资的市场价格水平可严格控制采购成本。而如何才能较好地掌握材料物资采购的市场行情呢？这就需要采购人员进行市场价格信息的收集。在收集材料物资的市场价格信息时，需要采购人员明确和解决的工作内容有：信息调查的主要范围、信息收集的方式、信息收集的渠道和处理调查资料等，简单介绍如图 4-1 所示。

信息调查的主要范围

材料物资本身是什么，各种货源下的市场价格是否有区别，同类材料物资与上一期的市场价格有无重大变化，不同供应商对同一类材料物资报出的价格高低，大多数供应商报出的同类材料物资的价格范围在哪一区间，所有调查对象报出的同类材料物资的最低价和最高价分别是多少，以及市场中同一类材料物资的平均价格是多少等。一切与价格相关的信息都是采购人员信息调查的范围。

信息收集的方式

市场调查的方式有很多，但适合某一次调查的方式可能只有一种，采购人员要根据调查目的选择最合适的调查方式。如某些机械生产企业要采购生产用的零部件，调查方式可以是网络搜索价格资料，也可以到当地五金城实地考察，具体选择何种调查方式，要看企业自身的经济实力。若用于市场价格调查的经费不足，则可选择网络了解；如果经费充足，则可选择实地调查。

信息收集的渠道

对于企业采购人员来说，不同的材料物资，由于其大小、性质和用途等不同，会导致价格信息的收集渠道不同。比如，建筑材料一般体积比较大且重，一次性采购的量可能比较多，所以合适的价格信息收集渠道应为实地考察，这样可以避免网上信息的失真性带来成本差异较大的风险。

处理调查资料

采购员在调查材料物资的市场价格水平时，涉及的价格档次、材料物资种类、供应商和信息收集渠道等内容繁多，为了做好各项内容的对比分析，就需要采购人员处理调查资料，包括资料的分类整理、合并和分析等工作。

图 4-1　收集材料物资的市场价格信息需要做的事

在收集材料物资的市场价格信息时需要用到的表格见表 4-1 和表 4-2。

范本展示 报价对比表

表 4-1　报价对比表

名　称	品牌型号	报价 1	报价 2	报价 3	网上商城报价	备　注	确定采购价格
合　计							

制表人：　　　　　　　　　　　　　　　　　　　　日期：

领导审核意见：

范本展示 价格对比表

表 4-2　价格对比表

序　号	供应商	物料名称	规格型号	材　质	单价/元	税　率	结算方式	送货或自提	备　注
1	供应商 1								
2	供应商 2								
3	供应商 3								
4	……								

采购意见：

建议选择：□供应商 1　　□供应商 2　　□供应商 3

制表：　　　　　　　　审核：　　　　　　　　批准：

采购人员在对将要采购的材料物资进行了市场价格水平调查后，要确定一个采购底价，具体实施采购工作时就以底价为标准，向各大供应商发出询价单或询价函，确定采纳哪家供应商的报价时就需要以底价为最高标准，即接受的供应商报价最高不得高于企业自身确定的底价。

4.1.2　询价采购的六个注意事项

企业采购部门开展询价采购活动时，为了保证企业能成功购买理想价格的材料物资，需要采购人员着重掌握以下六个注意事项。

（1）最大限度地公开询价信息

企业采购部门可参考公开招标的做法，金额较大或技术复杂的询价项目，其采购信息应在中央级和省级媒体上发布，最低标准是在地级市的报纸、采购网或电视台发布，扩大询价信息被知晓的范围和概率。

公开询价信息时要注意，信息发布要保证时效性，让供应商有足够的反应时间，另外，询价结果也应及时公布。

（2）更多地邀请符合条件的供应商参加询价

被询价对象要由采购部门专业的询价小组集体确定，而询价小组应根据企业的采购需求，从符合相应资格或条件的供应商名单中确定不少于三家的供应商，力求让更多的符合条件的供应商参加到询价活动中来，以增加询价竞争的激烈程度，推动询价活动的顺利进行。

（3）发展更多的询价方式

企业与供应商之间的地理位置可能相去甚远，为了方便各大供应商参加询价活动，解决供应商不能亲临企业询价活动现场的困难，企业需要发展更多便捷的询价方式，如在线询价、传真询价和电话询价。

（4）实质响应的供应商并不一定要"三家以上"

政府采购法规定，企业发出询价邀请后，供应商达到三家以上即可，而对于参加询价活动并对询价文件作出实质响应的供应商不是一定要达到三家，能够达到两家也是可行的。

因为采用询价采购方式的一般是较小的采购项目，而这样的项目无法吸引大牌供应商，所以，很多时候真正对询价作出响应的商家达不到三家甚至三家以上。如果一定要达到三家供应商响应询价文件，则可能使询价活动陷入僵局。因此，询价活动的供应商数量要求只是形成竞争的一个前提，实际操作时不能在供应商数量上斤斤计较且花费太多时间。

（5）尽量不要定牌采购

定牌采购是指定采购的品牌进行询价，这是询价采购中最容易导致询价失败的一种采购方式。事实上，在询价采购中，定项目、定配置、定质量、定服务而不定品牌才是正确的做法，真正引导供应商进行品牌竞争，可防止陪询串标的行为发生，让浑水摸鱼借机抬高采购价格的供应商无法出现在询价采购活动中，让企业采购人员真正采购到质优价廉的材料物资。

应用示例 定牌采购给企业带来的不利影响

2022年9月的某日，某企业对一套硬件防火墙系统进行询价，确定采购品牌A。已知采购预算为12.00万元，询价如期举行。在询价截止时间前共有五家供应商前来参加，主持人宣布询价活动开始，采购人员代表重申了项目配置、质量要求、服务和付款方式等有关要求。

过程中，有的供应商提出此次采购的防火墙已被控货，价格降不下来，正常成本仅为7.50万元左右，但此次被控货后打听到的价格却是15.00万元以上。在供应商进入报价阶段时，会议室内的固定电话铃声响起，对方称自己是××公司，想参加这次询价。该企业感到很奇怪，之前并没有向这家公司发出询价邀请，为什么会不请自来。于是，该企业感觉这其中有问题，决定暂停询价，请供应商等候通知。

询价刚被终止，自称是A品牌防火墙系统的供应商甲也亲自到单位来，请求该企业采购其产品，价格好"商量"。经过企业的仔细调查发现，原来是供应商甲在后台操控着此次询价活动，指使××公司前来"陪标"，凑足商家数，防止询价活动的参加商家达不到三家的情况。

如果企业进行定牌询价，就会给供应商一种非买不可的感觉，这就会使供应商给出的报价没有商量的余地，甚至一直居高不下。所以，企业在组织询价采购活动时，要尽量避免定牌采购。

（6）不能仅以价格高低来取舍供应商

相关法律规定，采购人员应根据"符合采购要求、质量和服务，且报价最低"的原则确定成交供应商，这是询价采购确定合作供应商的基本原则。但不少企业将该原则片面地认为是谁的价格最低就选谁，导致供应商在恶性的价格战中无法获利，进而促使其忽视产品的质量和售后服务。

因为，过低的价格往往是以牺牲可靠的产品质量和良好的售后服务为条件的，所以，无论是采购人员还是供应商，都要理性地对待采购价格的问题，明确价格是询价中的关键因素而非唯一因素。在确定供应商时，要综合评价价格、质量和售后服务等因素。

4.1.3 采购人员进行技巧性询价

采购人员在对供应商进行询价时，要注意一些技巧，才能更顺利地促成询价和报价工作。

①掌握品名和料号的正确性。品名和料号在每一个供应商和不同的采购公司有其独特的代表性，所以在使用上要特别注意正确性。有些大型企业的料号达十多个，甚至还有数字和英文字母穿插在料号或品名中。如果采购人员对品名和料号不熟悉，会给人一种不专业的感受，这会影响询价工作的开展。

②要准确实际地给出采购物资的需求量。通常，供应商在报价时都需要了解购买方的需求量，因为采购量的多少会影响价格高低的计算。购买方在向供应商询价时，要真实地说明企业的年需求量、季度需求量或月需

求量等。有的企业担心向供应商提供的需求量过少会得不到合理的采购价格，因此就随意地夸大需求量，这时虽然可以获得量产价格，但实际进行采购时却无法达到询价时报给供应商的采购数量，供应商要么会提高价格，要么会降低对企业的服务质量，甚至停止供应材料物资。这样一来，企业会得不偿失。所以，在询价过程中，要向供应商提供准确且符合实际的采购物资数量。

③询价时一般给出企业认为的最低采购价格。在采购企业询价和供应商报价的这一往来过程中，可能会涉及讨价还价的细节，为了避免一开始给出较高的价格而让企业自身陷入没有商量余地的境况，企业可以先给出采购的最低计划价格，然后在与供应商往来议价后相应提高采购价格，既让企业自身控制好采购成本，也使供应商有利可图，达到双赢的效果，才能促使询价到报价过程的成功。

④询价时定价格区间和采购要求。定价格区间可筛选掉一些报价过高的供应商，缩小选择范围。给出企业的采购要求，促使供应商迎合企业，而不是企业迎合供应商，这样可更加精准地找到合适的供应商。

⑤根据采购计划的缓急情况选择相应的询价方式。采购人员在实施采购计划时，按照设备材料的采购周期、缓急程度、市场行情及以往询价记录，选择以电话、传真、网络或实地会议等方式进行询价。比如，询价活动邻近采购计划中的采购日期，来不及安排实地询价会议，则可通过电话、传真及网络等方式进行询价。

⑥有的采购计划可直接核价。凡属于合约采购项目的，企业采购部可依据合约价格直接核价，无须另外组织供应商参与会议并进行询价。

4.1.4　熟练处理供应商的报价

企业采购人员每天都可能收到很多份报价单，如何确定供应商报价是否合理是让采购人员比较头痛但又不得不面对的工作。

应用示例 采购人员处理供应商的报价

某生产性企业接到新的产品订单，经过生产人员对库存的核查发现原材料不足以生产出订单中的产品，所以向采购部门提交了材料物资采购申请。采购人员针对生产部门提交的材料物资申请单，向各大供应商发出询价，得到了如下四份报价：供应商 A 给出 1.00 元 / 件；供应商 B 给出 0.95 元 / 件；供应商 C 给出 0.90 元 / 件；供应商 D 给出 0.85 元 / 件。那么，企业选择向供应商 D 采购物资是最便宜的。

但经过对供应商的全面了解后发现，D 供应商是一家规模小、人员素质差、管理水平低且无品质保证能力的企业，且是为了抢占市场而采取了低价格攻势；B 和 C 虽然价格相对较高，但在业界有较高的信誉，品质和交货方面也有较好的保证；A 虽然是一家各个方面都不错的大企业，但其报出的价格过高，对采购企业控制采购成本不利。

所以，在经过调查了解后，该企业采购人员的正确做法应是：首先把刻意压低价格抢占市场的供应商 D 排除掉，这样能保证企业能够采购到质量好的材料物资。然后与 A、B 和 C 供应商进行议价，经过采购人员的努力，可能会让这三家企业降低一些他们的报价，虽然降低的幅度可能不大，但总归是比原来的报价低。接着审核 A、B 和 C 供应商提供的样品，看是否符合企业的既定需求，如果能，则在这三家供应商中选择报价最低的一家作为合作伙伴。

以该案例为前提，采购人员在实际处理供应商的报价时可能会犯这样的错误：要求 A、B 和 C 供应商给出的报价一定要降到 D 供应商的报价水平才肯做出采购决定，他们认为这个市场上既然已经有供应商报出了这样的低价，则其他供应商也应该能够接受这样的价格。殊不知这样的低价是忽略了产品服务才制定出来的。也就是说，D 供应商给出的报价是不可信的，也是不合理的。采购人员在处理供应商的报价时就需要通过确定供应商价格的合理性来避免上述错误。

要确定供应商的报价是否合理是一件比较困难的事情，特别是所购买的商品或材料物资被少数供应商垄断时，或采购人员对所购材料物资很陌生时。那么，企业采购人员要如何才能确定报价是否合理呢？主要从

图 4-2 所示的两方面进行判断。

- **将不同供应商之间的报价进行比较**

  采购人员可尽量多找一些供应商报价，这样可帮助采购人员了解所购物料的大致市场价格，最终选定的供应商可能只有一两家，而其他供应商的报价可作为采购人员做出正确选择的参考。

- **与确定的底价进行比较**

  底价是采购企业打算在购买材料物资时支付的最高采购价格，它的制定目的是使采购人员对价格的确定与取舍有据可依，所以，确定供应商的报价是否合理时可与底价对比。但这一方法的运用前提是，底价的确定也是合理的。

图 4-2 采购人员如何判断报价是否合理

总的来说，熟练处理供应商的报价，要做到以下几点。

①及时收到供应商的报价（询价单的回传）。

②对不合理的报价果断排除（确定报价的合理性）。

③对报价不满意时及时与供应商沟通协商（议价）。

④双方确定好采购价格后及时做出选择（确定供应商）。

4.1.5 两份相同报价如何取舍

在实际的采购工作中，企业采购人员很可能遇到多个供应商报价相同的情况，此时采购人员会产生选择困难，究竟该选择哪一家供应商？是否需要向多家供应商进货？这就关系到采购人员对两份甚至多份相同报价的供应商的取舍。下面来看一个实际案例。

应用示例 采购人员如何取舍供应商的报价

某企业询价采购一批电脑，项目预算支出为 10.00 万元，而参与询价会议的几家供应商的报价均为 9.65 万元，但提供的是不同品牌、不同型号的电脑，而提供的售后服务等附加条件也稍有差异。在这些供应商都完全响应企业的询价文件的要求时，如何选择成交供应商呢？企业的负责人们对此意见不一致，有的负责人提出要选择售后服务好的供应商为成交供应商，而采购人员代表则提出选择知名品牌的供应商。

于是，几位采购负责人开始协商如何取舍报价相同的供应商。针对售后服务好的供应商和知名品牌供应商，负责人们有如下考量。

①如果选择售后服务好的供应商，则电脑出现问题后要进行维修会比较方便，但很可能因为电脑本身的质量不高而频繁出现问题，这也会影响企业工作人员日后对电脑的使用。

②若选择知名品牌的供应商，则电脑质量可能会较高，不容易出现问题，但售后服务不好的话，一旦电脑出现问题，维修就会很麻烦。

③企业依赖电脑工作的部门员工平时使用电脑的频率较高，对电脑的使用寿命有一定的要求。常用就意味着可能经常需要维修服务，该情况下选择售后服务好的供应商更妥当。

④企业只用电脑协助办公的部门员工对电脑的需求并不是必需的，则说明不经常使用电脑，那么电脑出现问题的概率也会较小，该情况下就可选择知名品牌，保证电脑质量在长时间内都不会出现问题。

综合上述分析和考量，该企业决定，给依赖电脑工作的部门选择向售后服务好的供应商进购电脑，而给只用电脑协助办公的部门选择向知名品牌的供应商进购电脑。这样，既达到了企业采购的需求，也和不同的供应商拓展了合作关系。

在实际操作过程中，很多企业限制了合作供应商的数量，也就是说，在确定成交供应商时一定要舍弃掉一些供应商而做出最终的唯一选择。通常，如果两家报价相同的供应商中有一家是长期合作的伙伴，且以往的合作都很顺利愉悦，则最好选择以往合作的供应商而舍弃掉未合作过的新供应商。但如果企业认为以往合作的供应商已经开始态度不诚实，则可选择新供应商，开拓新的供应关系，防止被旧供应商"牵着鼻子走"，给企业带来不必要的经济损失。

企业在询价采购项目中，如果所有供应商的报价一致，且采购人员也排除了供应商串标和围标的可能性，则在做出取舍时常常会出现如下三种错误的处理手段。

一是让供应商二次报价。这种做法会混淆询价与竞争性谈判这两种采购方式，根据《中华人民共和国政府采购法》第四十条的相关规定可知，被询价的供应商应一次性报出材料物资的价格，且一经报出后不得更改价格。采购实践中，部分采购企业会随意地要求供应商再次报价，而有些不太懂采购规则的供应商也愿意配合进行二次报价，导致询价程序违法。所以，当企业遇到相同报价而让供应商进行二次报价的做法是不对的。

二是推荐选择附加条件更优秀的供应商。比如，供应商 A 和供应商 B 的报价相同，但 A 的附加条件更多，给采购企业的感觉是可以捡很多"便宜"，所以选择 A。这种做法有一定的现实合理性，却违背了询价采购的定选方式，同样属于程序违法。但这种情况与上述案例中的情况不同，案例中的企业附加条件在同一水平上，只是一个侧重售后服务，一个侧重品牌。也就是说，当报价相同且附加条件在同一水平上时，企业可根据需要选择自认为附加条件更优秀的供应商；当报价相同而附加条件不在一个水平上时，这种询价采购就已经违反了采购程序的相关规定，做出的采购决定也会被认定为无效。

三是盲目采纳专家的意见。很多专家凭借自己的经验主观地向企业采购人员推荐其觉得好的供应商，这时如果采购人员盲目采纳专家的意见，就会被专家的主观倾向影响，导致未执行询价的定选方式，属于严重的程序违规。这样做容易引起纠纷，落选供应商往往会通过质疑、投诉和举报等方式进行权利救济，使小项目出现大难题，影响采购项目的正常实施。

4.2　招标采购，公开又公正

招标采购是指采购方（需要采购物资的企业）作为招标方，事先提出采购的条件和要求，邀请众多企业参加投标，然后由采购方按照规定的程序和标准，一次性地从中择优选择成交供应商，并提出最有利的条件，进而与投标方签订协议的一种采购方式。整个过程要求公开、公正和择优。

4.2.1 认识招标采购的不同类型

采购人员要想顺利实施招标采购，首先要明确招标采购的类型，然后才能根据企业的具体情况选择一种适合企业的采购物资的方式。而根据不同的分类依据，招标采购可以分为不同的种类，具体介绍如下。

（1）按书面文件形式不同划分为公开招标和邀请招标

根据招标时所用书面文件形式的不同，将招标分为公开招标和邀请招标两种。

①公开招标。公开招标是指招标人（采购企业）以招标公告的方式邀请不特定的法人或其他组织投标，属于无限制性竞争招标。

它的特点是：体现了市场机制公开信息、规范程序、公平竞争、客观评价、公正选择及优胜劣汰的本质要求。这种招标方式的投标人会比较多，整个招标活动可促进供应商之间的竞争，且不容易串标或围标，有利于招标人从广泛的竞争者中选择合适的中标人，并获得最佳的竞争效益。

依法必须进行招标的项目要采用公开招标，按法律规定，需在国家发改委和其他有关部门的指定媒介发布资格预审公告或招标公告，符合招标项目规定资格条件的潜在投标人将不受所在地区和行业的限制，均可申请参加投标。而由于地域范围的不同又可将公开招标分为国内公开招标和国际公开招标。

企业在进行材料物资采购活动时，可选择使用公开招标方式，但有一些情形下必须采用公开招标方式进行采购，具体见表4-3。

表4-3 必须采用公开招标方式的三种情形

条 目	情 形
1	国家重点项目和省、自治区、直辖市人民政府确定的地方重点项目
2	国有资金占控股或者主导地位的依法必须进行招标的项目（《中华人民共和国招标投标法实施条例》第八条）

续上表

条目	情形
3	其他法律法规必须进行公开招标的项目。例如《中华人民共和国政府采购法》第二十六条规定，公开招标应作为政府采购的主要采购方式；《土地复垦条例》第二十六条规定，政府投资进行复垦的，有关国土资源主管部门应当依照投标招标法律法规的规定，通过公开招标的方式确定土地复垦项目的施工单位

依法必须公开招标的项目，因存在需求条件和市场供应的限制而无法实施公开招标，且符合法律规定条件情形的，经招标项目有关监督管理部门审批、核准或认定后，可采用邀请招标方式。

②邀请招标。邀请招标是指招标人以投标邀请书的方式邀请特定的法人或其他组织投标，属于有限竞争性招标。

它的特点是：能够按照项目需求特点和市场供应状态，有针对性地从已知的潜在投标人中，选择具有与招标项目需求匹配的资格能力、价值目标，以及对项目重视程度均相近的投标人参与投标竞争，有利于投标人之间均衡各方的竞争力量。评标标准和方法比较科学，招标工作量和招标费用相对较小，既可省去招标公告和资格预审程序（招投标资格审查）及时间，又可获得基本或较好的竞争效果。

但是，邀请招标与公开招标相比，投标供应商的数量相对较少，竞争开放度较弱，存在招标人在选择邀请对象前已知投标人信息的局限性，有可能会损失应有的竞争效果，得不到最合适的投标人，也很难获得最佳竞争效益。在企业采用邀请招标进行采购时，应向三个以上具备招标项目资格能力要求的特定潜在投标人发出投标邀请书。符合下列情形之一的，经批准后可进行邀请招标，见表4-4。

表4-4　经批准后可以进行邀请招标的情形

条目	情形
1	涉及国家安全、国家秘密或抢险救灾，适宜招标但不宜公开招标的项目
2	项目技术复杂或有特殊要求，或者受自然地域环境限制，只有少量潜在投标人可供选择的情形

续上表

条目	情形
3	采用公开招标方式的费用占项目合同金额的比例过大的项目

需要采购人员注意的是，国家重点建设项目的邀请招标，应当经国家国务院发展计划部门批准；地方重点建设项目的邀请招标，应当经各省、自治区或直辖市人民政府批准；全部使用国有资金投资或国有资金投资占控股或主导地位的，并需要审批的工程建设项目的邀请招标，应当经项目审批部门批准，但项目审批部门只审批立项的，由有关行政监督部门审批。

非依法必须公开招标的项目，由招标人自主决定采用公开招标还是邀请招标。也就是说，一般企业的采购项目如果不属于法律规定必须公开招标进行采购的范围，则企业采购可采用公开招标，也可采用邀请招标。

（2）按招标范围不同分为公开招标、选择性招标和限制性招标

公开招标前面已经介绍过了，这里只对选择性招标和限制性招标进行介绍。

选择性招标采购指通过公开程序邀请供应商提供资格文件，只有通过资格审核的供应商才能参加后续招标；或是通过公开程序确定特定采购项目在一定期限内的候选供应商作为后续采购活动的邀请对象。

限制性招标是指不通过预先刊登公告程序，直接邀请一家或两家以上的供应商参加投标。采用这一招标方式时必须具备相应的条件，具体见表 4-5。

表 4-5　采用限制性招标方式必须具备的条件

条目	情形
1	公开招标或选择性招标后没有供应商参加投标，或者无合格标
2	供应商只有一家，无其他替代选择
3	出现了无法预见的紧急情况
4	向原供应商采购替换零配件的

续上表

条目	情形
5	因扩充原有采购项目需要考虑到配套要求的
6	属于研究用的试验品、试验性服务
7	追加工程必须由原供应商办理，且金额未超过原合同金额的 50% 的情况
8	与原工程类似的后续工程，在第一次招标文件已做规定的采购

4.2.2 招标采购要严格控制流程

在实际采购过程中，企业采用的招标采购大多数都具有竞争性，而一个完整的竞争性招标采购过程由供应商调查和选择、招标、投标、开标、评标、决标及合同授予等阶段组成。各阶段的工作见表 4-6。

表 4-6 招标采购的各阶段工作内容

阶段	情形
供应商调查和选择	采购企业调查潜在供应商的基本资信情况，选择资信度高且资格能力、价值目标和对项目重视程度与企业要求相符的供应商参与采购招标会议
招标	采购企业发出招标公告或投标邀请书，说明招标的工程、材料物资、货物及服务的范围、标段（标包）划分、数量及投标人的资格要求等，邀请特定或不特定的投标人在规定时间和地点按照一定的程序进行投标
投标	投标是供应商对采购企业的招标文件作出的响应，即投标人接受特定或不特定的采购邀请，按照招标文件规定的要求，在规定时间和地点主动向招标人递交投标文件，并以中标为目的而做出的行为
开标	在招标投标活动中，由招标人主持、邀请所有投标人和行政监管部门或公证机构人员参加，在预先约定的时间和地点当众开启各供应商的投标文件
评标	采购企业的采购人员或其他专家按照规定的评标标准和方法，对各投标人的投标文件进行评价比较和分析，从中选出最佳投标人
决标	参与评标的人员按照评标文件的要求和评标标准，评定出最佳中标供应商或确定中标供应商，承诺与其达成供求合作关系
合同授予	企业将拟好的采购合同交给合作供应商，双方签字后即可进入发货付款流程

而对于政府采购来说，其招标采购的程序一般如图 4-3 所示。

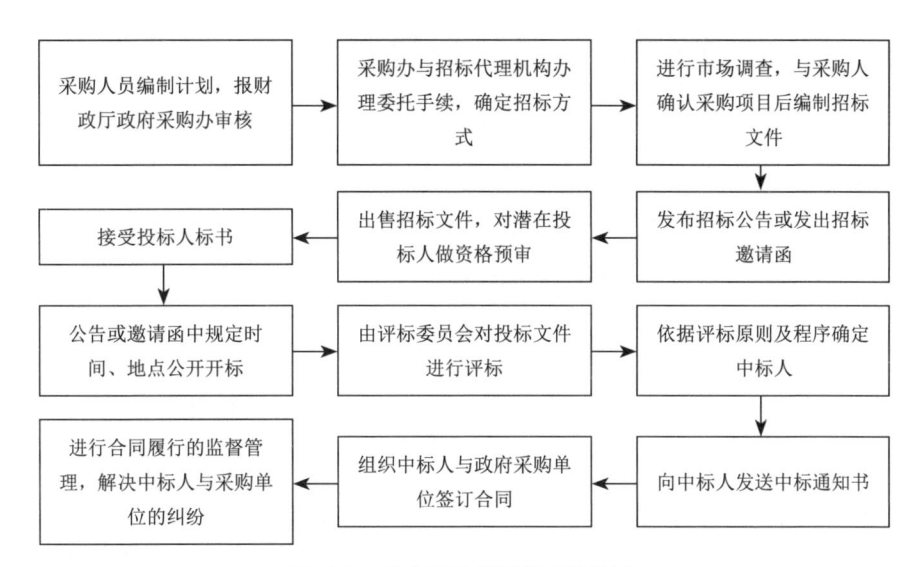

```
┌─────────────┐    ┌─────────────┐    ┌─────────────┐
│采购人员编制 │───▶│采购办与招标 │───▶│进行市场调查,│
│计划,报财政 │    │代理机构办理 │    │与采购人确认 │
│厅政府采购办 │    │委托手续,确定│    │采购项目后编 │
│审核         │    │招标方式     │    │制招标文件   │
└─────────────┘    └─────────────┘    └─────────────┘
                                             │
┌─────────────┐    ┌─────────────┐    ┌─────────────┐
│接受投标人标 │◀───│出售招标文件,│◀───│发布招标公告 │
│书           │    │对潜在投标人 │    │或发出招标邀 │
│             │    │做资格预审   │    │请函         │
└─────────────┘    └─────────────┘    └─────────────┘
      │
┌─────────────┐    ┌─────────────┐    ┌─────────────┐
│公告或邀请函 │───▶│由评标委员会 │───▶│依据评标原则 │
│中规定时间、 │    │对投标文件进 │    │及程序确定中 │
│地点公开开标 │    │行评标       │    │标人         │
└─────────────┘    └─────────────┘    └─────────────┘
                                             │
┌─────────────┐    ┌─────────────┐    ┌─────────────┐
│进行合同履行 │◀───│组织中标人与 │◀───│向中标人发送 │
│的监督管理, │    │政府采购单位 │    │中标通知书   │
│解决中标人与 │    │签订合同     │    │             │
│采购单位的纠 │    │             │    │             │
│纷           │    │             │    │             │
└─────────────┘    └─────────────┘    └─────────────┘
```

图 4-3 政府采购的招标采购程序

上述第三个步骤中编制的招标文件应包括如下内容。

①招标须知和投标须知。

②合同条款和履约保证金说明文件。

③技术规格和投标书的编制要求。

④供货一览表、报价表和工程量清单。

⑤供应商应当提供的有关资格和资信证明文件。

针对政府的招标采购活动,其招标通告至少要包括图 4-4 所示的内容。

- 采购单位的名称和地址
- 采购货物、工程或服务的性质、数量和交货地点
- 要求供应货物的时间或工程竣工的时间或提供服务的时间表
- 将用来评审供应商资格的标准和程序
- 获取招标文件的办法和地点
- 采购实体对招标文件收取的费用及支付方式
- 提交招标书的地点和日期
- 开标日期、时间和地点等

图 4-4 政府招标采购的招标通告内容

4.2.3 学会判断投标人的不合法投标手段

采购经验不充足的企业,在组织招标活动时很可能遭遇投标人采用不合法手段进行投标的情况,并且很容易被蒙在鼓里而不自知,这就会给企业带来一定的经济损失。为了规避这样的事情发生,采购企业和采购人员必须学会判断投标人的一些不合法投标手段。

(1)围标、串标的两大方式

一些投标企业看到某项目的采购活动有利可图时,就会串通另外的供应商、代理商或服务提供商一起对招标企业组织的招标活动采取围标、串标手段以达到中标目的,从中获取利益。

采购企业要想更好更快地识别投标企业的围标、串标行为,首先要了解围标、串标有哪些方面的表现形式。

◆ 招标人或招标代理机构与投标人之间串通

在这样的串通关系下,招标人和投标人之间会有不同的串通表现,具体见表4-7。

表4-7 招标人或招标代理机构与投标人串通的表现

条 目	串通表现
1	招标人预先约定投标人中标
2	在开标前,招标人与投标人就招标项目进行实质性谈判,或与投标人商定压低或抬高标价,中标后再给予投标人或招标人额外补偿
3	组织、授意或暗示其他投标人为特定投标人中标创造条件或提供方便
4	在招标文件以外与投标人之间另行约定给予未中标的其他投标人费用补偿,相当于内定中标的供应商
5	编制的招标文件和资格审查文件专门为某个特定投标人"量身定制",或设有明显倾向条款
6	在规定的投标截止时间前开启投标文件
7	在开标前泄露投标文件内容,或者协助、授意投标人补充,修改投标文件内容(包括修改电子投标文件相关数据)

续上表

条 目	串通表现
8	发现不同投标人的法定代表人、委托代理人、项目负责人和项目总监等人员有在同一个单位缴纳社会保险情形而不制止，反而同意其继续参加投标
9	发现由同一人或存在利益关系的几个人携带两个或两个以上投标人的企业资料参与资格审查、领取招标资料，或代表两个或两个以上投标人参加招标答疑会、缴纳或退还投标保证金等情形而不制止，反而同意其继续参加投标
10	招投标过程中发现投标人办理投标事项（报名、购买资格审查文件或招标文件、投标等）的相关人员不能提供其是投标企业正式在职人员的有效证明，不制止反而同意其通过资格审查或继续参加评标
11	在资格审查或开标时发现不同投标人的投标资料（包括电子资料）相互混装而不制止，反而同意其通过资格审查或继续参加评标
12	投标截止后，允许特定投标人撤换投标或更改投标文件的内容
13	以胁迫、劝退或补偿等方式，使特定投标人以外的其他投标人放弃投标或使中标人放弃中标
14	对评标人员进行倾向性引导或干扰正常评标秩序，明示或暗示评标人员倾向性评审，或授意资格审查人员或评标人员对申请人或投标人进行区别对待
15	直接或间接向投标人泄露标底、资格审查人员或评标人员名单以及资格审查情况等应当保密的事项

◆ 投标人之间互相串通

这种串通关系下，会严重损害招标企业的利益，因此更需要招标企业熟知相关的串通手法，包括但不限于表 4-8 所示的一些方面。

表 4-8 投标人之间互相串通的手法

条 目	串通手法
1	投标人之间约定投标报价，投标报价分别以高、中、低（每两档之间的差距一般在1%左右）报价
2	投标人之间事先约定中标者，约定其他投标人故意不携带相关证件原件或投标文件中故意不装订相关证件复印件，以及约定给予未中标的投标人费用补偿
3	投标人之间为谋取中标或排斥特定投标人而联合采取行动

续上表

条 目	串通手法
4	属于同一协会、商会或集团公司等组织成员的投标人，按照该组织要求在投标过程中采取协同行动
5	由同一人或分别由几个有利害关系的人携带两个或两个以上投标人的企业资料参与资格审查、领取招标资料，或代表两个及两个以上投标人参加招标答疑会、缴纳或退还投标保证金及参加开标会议
6	不同投标人投标文件雷同，或不同投标人的法定代表人、委托代理人、项目负责人及项目总监等人员在同一个单位缴纳社会保险
7	中标公示的第一中标候选人或收到中标通知书的中标人无正当理由却放弃中标
8	参加投标活动的人员不能提供其属于投标企业正式在职人员的有效证明（如社保证明）

（2）从具体行为看出招投标的端倪

采购人员在实施招标过程中要学会从己方和投标方的一些具体行为中发现围标、串标等违规操作，切实为企业采购物美价廉的材料物资提供保障。

◆ 投标人在投标中有下列情形之一的，属弄虚作假行为

这里先将其分为两大类，以他人名义投标和以其他方式弄虚作假，具体情形见表4-9。

表4-9 投标人在招标中的弄虚作假行为

情 形	行 为
以他人名义投标	1. 通过转让或租借等方式从其他单位获取资格或资质证书而投标 2. 由其他单位或其他单位负责人在自己编制的投标文件上加盖印章或签字 3. 相关资料上填报的项目负责人或主要技术人员不是投标单位的人 4. 投标保证金不是从投标人基本账户中转出的
以其他方式弄虚作假的	1. 利用伪造、变造、克隆或无效的营业执照、资质证书、建造师证或印鉴参加投标 2. 伪造或虚报业绩 3. 伪造项目负责人或主要技术人员的简历、劳动关系和社保证明，或者中标后不按承诺配备项目负责人或主要技术人员 4. 伪造或虚报财务状况 5. 提交虚假的信用状况信息 6. 隐瞒招标文件要求提供信息，或提供虚假、引人误解的其他信息

◆ 发现投标人有下列情形之一的，认定其有串标可能

①不同投标人的投标文件有两处或两处以上错、漏一致或雷同。

②不同投标人的投标总报价相近且各分项报价和综合单价分析表内容混乱不能相互对应，乱调乱压或乱抬，而在询标时没有合理的解释或不能提供计算依据和报价依据的。

③不同投标人的投标文件由同一单位或同一个人编制。

④不同投标人的投标文件由同一电脑编制或同一台附属设备打印，或投标报价用同一个预算编制软件密码锁制作，或者投标报价出自同一个电子文档。

⑤不同投标人的投标保证金由同一企业或同一账户资金缴纳。

⑥不同投标人委托同一个人或注册在同一家企业的注册人员为其提供投标咨询、商务报价和技术咨询等服务。

⑦评标人员依法认定的有其他明显串通投标行为情形的。

◆ 评标人员有下列情形之一的，认定其与投标人有串标可能

①私下接触投标人或与招标结果有利害关系的人。

②明知与投标人有利害关系还不主动提出回避。

③对存在违规投标行为的投标人给予认定或不作废标处理。

④对特定投标人投标文件中的重大偏差不予指出，依旧提出符合评审条件意见或直接判定其通过投标；或者对特定投标人以外的其他投标人提出不公正的审批意见，如投标人的投标文件没有任何问题，但评标人一味地吹毛求疵，否定其投标文件。

⑤进行评标打分时，在没有合理理由的情况下给特定投标人高分而压低其他投标人的分值，或者不按招标文件的规定进行评分。

⑥发现投标人投标报价中存在明显不合理报价而不指出。

⑦发现投标人技术部分存在明显不合理性或内容缺、漏而不指出。

⑧明知投标人违反了法律、法规和招标文件的规定而不指出，反而对其投标文件继续进行评标。

⑨存在其他违反相关法律法规行为，使得评标明显缺乏公平、公正。

4.2.4 招标采购时企业应注意的问题

采购企业在运用招标采购时，以下注意事项一定要重视，可以帮公司规避不必要的损失。

（1）确定所需采购的物资适合招标采购

招标采购有其具体的适用条件和场合。如果所需采购的物资并不适合采用招标采购，则可能因规则错失优质供应商，甚至会因为表面上选择了低价采购而导致后期隐性成本的增加，比如双方经常产生交易纠纷，其中涉及的时间成本和耽误生产进度的损失。

（2）招标文件的编制要科学、细致

招标文件中不仅要包括招标企业对所采购物资的招标要求，还包括一些对投标企业的文件格式要求和规定。

招标文件各个条款做到全面、细致，设计合理，能有效促进招标采购活动科学、顺利地实施并完成。

（3）对供货商的供货情况做好监督

因为招标采购对中标供应商来说只是一次合作，后期是否还会继续合作尚未可知，因此，就可能使其消极对待与采购企业的合作。

作为采购方，为了避免供应商有这种情绪而给采购方造成损失，采购企业就需要对供应商的供货情况进行必要的监督，包括供货质量、速度以及售后服务等。

（4）合规是基础，满足需求是目标

招标采购活动中不断有操作不合规的现象出现，导致实施招标采购的企业将操作合规作为判断一次招标采购质量的重要因素。而实际上，招标采购的合规性是最基本的，更重要的是所采购物资可以尽可能地满足采购企业的采购需求。

所以，采购企业要明白招标采购实施过程中什么是必须做的，什么是要尽全力去争取做到的。

（5）中标供应商质量低时要及时止损

如果采购企业在招标采购中确定的中标供应商质量确实很低，且在后续双方合作过程中才发现，此时为了给企业止损，需要考虑是否继续与其合作下去，最忌拖泥带水、犹豫不决，缺乏终止合作的决心。

（6）对采购部门员工进行采购方式培训

根据实际情况，对企业采购部门的员工进行定期或不定期的采购方式培训，提供他们学习各种采购方式的机会，以便日后工作中能井然有序地采用各种采购方式开展各类采购工作，对采购方式能运用自如。

4.3 其他采购模式须知

由于不同的采购情况要考虑不同的采购模式，因此我们只知道询价采购和招标采购还不够，对于其他采购模式也要有所了解，比如集中采购、分散采购和电子商务采购等。

4.3.1 集中采购

集中采购，顾名思义，就是集合到一起进行采购。实务中，集中采购的货物、工程或服务会全部列明在集中采购目录中。

集中采购包括两种形式，其适用情形如图 4-5 所示。

- **集中采购机构采购**

  当集中采购目录内列明的项目属于通用的采购项目时,应委托集中采购机构代理采购。

- **部门集中采购**

  当集中采购目录内列明的项目属于本部门、本系统有特殊要求的项目时,应实行部门集中采购。

图 4-5　集中采购的两种形式

举一个简单的例子,对于一家生产性企业,某月需要采购纸、笔等办公用品,由于这些属于企业内部所有部门通用的采购项目,因此交由集中采购机构(即公司的采购部门)采购;而生产部门需要采购的生产用机器设备属于本部门有特殊要求的项目,所以实行部门(即生产部门)集中采购。

如果一家企业属于集团企业,采购量通常较大,那么只是区分集中采购机构采购和部门集中采购还不行,还要以订货、收货、付款等是否集中来区分,那么又有哪些模式呢?主要包括集中定价、分开采购,集中订货、分开收货、分开付款,集中订货、分开收货、集中付款,以及集中采购后调拨等,简单介绍如图 4-6 所示。

企业究竟选哪种模式,取决于集团对下属企业的股权控制、税收、物料特性和进出口业绩统计等因素。需要说明的是,一个集团内可能同时存在这些模式中的几种集中采购模式。

集中采购的存在有其道理,它有比较明显的优势,表现为以下几点。

①大批量采购能够获取较大的价格折扣,从而降低采购成本。

②保证采购物资的质量达到集团统一的规格和标准。

③集团的采购中心熟悉原材料供应市场,具有较多的机会获得质量合格、价格适中的产品。

④集中采购对所属企业采购员的舞弊行为具有较大的控制力。

● **集中定价、分开采购**

集中采购中心负责供应商管理及成交条件谈判等工作,但生产单位负责采购订货。各个生产单位提出采购申请,然后采用集中采购中心提供的供应商资源和成交条件向供应商订货,并完成催货验收入库,最终的结算也由各生产单位自行完成。

● **集中订货、分开收货、分开付款**

采购订货的工作由集中采购中心负责,各生产单位各自完成催货验收入库,最终由各生产单位分别完成付款。

● **集中订货、分开收货、集中付款**

企业集团建立统一的财务中心负责结算工作,集中采购中心负责对账和请款,财务中心负责核对、入账和付款。各生产单位需要向集中采购中心提供库存余量、进货明细和品质异常退货等信息,并各自完成催货验收入库。

● **集中采购后调拨**

企业集团的集中采购中心负责供应商管理、成交条件管理、订货、验收、入库和结算等一系列工作,然后根据各下属公司、生产单位或部门的采购申请,启动内部调拨流程,制定调拨订单并做好调拨出库工作。这就相当于集团的集中采购中心设立中央仓库的周转仓,为各下属公司、生产单位或部门负责。

图 4-6 集中采购的其他模式

然而,任何事都不是完美无缺的,集中采购模式也一样,它同样具有不可忽视的弊端,表现为以下几点。

①企业内部人员分别推荐不同的供货单位,初选和评标时往往议而不决,工作效率降低,也容易产生或增加内部矛盾。

②如果采购流程中的任何一个环节不能如期完成,都会导致不能按计划完成采购活动,从而影响工期或生产进度,遭受客户的索赔等。

③采购主管部门往往诱导性地推荐投标单位,致使更优秀的供货单位被瞒报。

4.3.2 分散采购

分散采购与集中采购相对,是指由企业下属各单位(如子公司、分厂、车间或分店)实施的满足自身生产经营需要的采购方式。

下面从采购客体和采购主体的角度,看看分散采购有什么特点,见表4-10。

表4-10 分散采购的采购客体和采购主体

项 目	特 点
采购客体	1. 小批量、单件、价值低,或者总支出在产品经营费用中所占比重最小的物品(各单位情况不同,可自行判定) 2. 分散采购优于集中采购的物品,包括费用、时间、效率、质量等因素均有利但不影响正常的生产与经营的物品 3. 市场资源有保证,易于送达且物流费用较少的物品 4. 分散后采购,各基层有这方面的采购与检测能力的物品的采购 5. 产品开发研制、试验所需要的物品等
采购主体	1. 二级法人单位、子公司、分厂、车间 2. 离主城区或集团供应基地较远,其供应成本低于集中采购时的成本的采购主体 3. 异国、异地供应的情况

除了从采购客体和采购主体来看分散采购适用范围,还可以从具体的采购情况来看,它主要适用于急、难、专等情况,即紧急采购、采购项目较困难的采购和专门采购。

分散采购的程序与集中采购大致相同,只是取消了集中决策的环节而实施其他步骤。

分散采购也有其优点和缺点,简单说明如图4-7所示。

实际工作中,综合各方面优点和缺点,集中采购的运用仍然要多于分散采购。

● 优点

1. 能适应不同地区市场环境变化，商品采购具有相当的弹性。
2. 对市场反映较灵敏，补货及时，购销迅速。
3. 由于分部拥有采购权，可以提高一线部门的积极性。
4. 由于采购权和销售权合一，分部拥有较大权力，因而便于分部考核，要求其对整个经营业绩负责。

● 缺点

1. 部门各自采购，容易出现交叉采购、人员费用较大的情况。
2. 由于采购权力下放，使采购控制难度加大，采购过程中容易出现舞弊现象。
3. 计划不连贯，形象不统一，难以实现统一促销活动，企业整体利益控制难度较大。
4. 由于各部门或分店的采购数量有限，难以获得大量采购的价格优惠。

图 4-7　分散采购的优缺点

4.3.3　电子商务采购

电子商务采购是在电子商务环境下的采购模式，就是我们通常所说的网上采购。电子商务采购模式的诞生，使得企业采购成本和库存量有效降低，采购人员和供应商数量合理减少，企业资金的流转速度加快，给企业生产经营带来诸多好处。

那么电子商务采购模式是如何运行的呢？用一个简单的图示来展示，如图 4-8 所示。

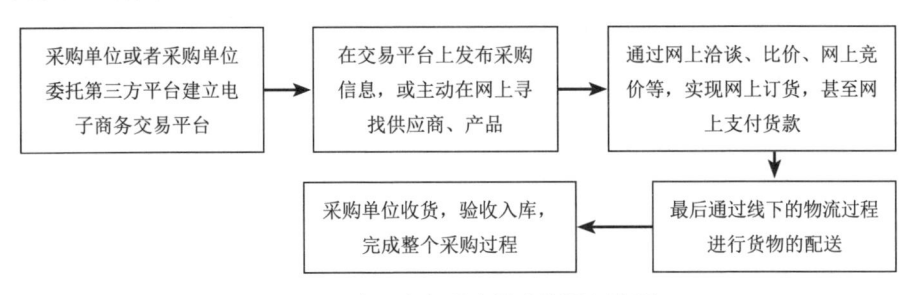

采购单位或者采购单位委托第三方平台建立电子商务交易平台 → 在交易平台上发布采购信息，或主动在网上寻找供应商、产品 → 通过网上洽谈、比价、网上竞价等，实现网上订货，甚至网上支付货款 → 最后通过线下的物流过程进行货物的配送 → 采购单位收货，验收入库，完成整个采购过程

图 4-8　电子商务采购模式的运行流程

电子商务采购为企业的采购活动提供了一个全天候、全透明、超时空的采购环境，即 365 天 ×24 小时的采购环境。

电子商务采购模式拥有如下所示的显著特点。

①采购信息实现了公开化，扩大了采购市场的范围。

②缩短了供需距离，避免了很多人为因素的干扰。

③简化了采购流程，减少了采购时间，降低了采购成本，提高了采购效率。

④降低了企业的库存压力，使采购交易双方易于形成战略伙伴关系。

⑤有利于实现采购业务程序标准化。

⑥兼顾企业及时化生产和柔性化制造的需要，缩短采购周期，使生产企业由"为库存而采购"转变为"为订单而采购"。

⑦有助于实现采购管理向供应链管理的转变。

⑧有利于实现本地化采购向全球化采购的转变。

当然，就算是电算化采购，我们也不能不做好管控工作，具体需要从下列三个模块进行。

①采购申请。接受公司员工提出的物品（如办公用品、电脑零配件）或服务申请，接受企业关键原材料供应部门或生产部门提交的采购申请，接受企业 ERP 系统自动提交的原材料采购申请。公司员工或供应部门提交申请时，都应通过浏览器登录网上采购站点的页面；ERP 系统的采购单据可根据数据交换标准自动传递。

②采购审批。根据预设的审批规则自动审核并批准所接收到的采购申请。对于企业内部提交的、经审批通过的产品申请，直接向仓库管理系统检查库存，如果库存有，则立即通知申请者领用；如果库存没有，则通知申请者申请已批准，正在采购中。对于审批未获通过的申请，立即通知申请者由于何种原因未获批准，请修改申请或重新申请。

③采购管理。针对已审批通过且需要进行网上采购的采购任务进行统计整理，并进行网上采购策划，制订采购计划；设计招标书、发布招标公告；

收集各供应商的投标、建立评标小组和评标指标体系、组织评标；公布评标结果、确定中标单位，与中标单位签订采购合同、实施采购。

> **更多模板**

项目招标公告	初步评审记录表
招标文件	技术部分评审记录表
评标结果汇总表	评标委员会签到表
商务部分评审记录表	投标偏差分析表
投标人资格审查表	招标代理委托协议书

第5章

达成共赢：采购谈判的开展与策略

企业要想完成采购工作，并不是两三句话就能做到的，与供应商的合作免不了进行谈判。谈得好，交易成；谈不好，交易不成。为了尽可能节省采购时间，提高采购效率，采购人员需要做好谈判准备，同时还要掌握谈判策略。

5.1 先准备，再谈判

采购人员在与供应商进行交易谈判前，需要做好充分的准备，防止双方都要开始谈判了，相关资料还没有，负责人还不明确，参与谈判的采购人员对谈判流程还不清楚等情况。

5.1.1 采购谈判要做好准备工作

采购人员在进行谈判之前必须做好相应的准备工作，否则在谈判过程中很可能处于劣势，不利于企业占据主导地位，也就不利于控制采购成本。

对于与会的供应商，采购企业要事先收集有关资料，大概掌握每一位供应商的经营情况，具体信息的收集可参考如下一些方面。

①供应商近段时间的相应材料物资的售价。

②供应商在同一时期向其他采购企业开出的采购价格水平。

③供应商以往有无违反竞争性谈判采购的行为。

④供应商有无拖延交货的情形发生。

⑤供应商的产品质量是否符合企业的标准要求。

⑥供应商近期的经营情况是否良好等。

接着，采购企业需要组织采购部门的员工安排并布置谈判会议室或会议厅，同时将谈判过程中需要用到的文件都打印并整理好。谈判文件中至少应明确谈判程序、内容、合同草案的条款及评定标准等事项，通常包括如下文件。

①谈判邀请函。

②谈判供应商须知（包括密封、签署和盖章要求等）。

③报价要求、投标文件的编制要求及谈判保证金的交纳方式。

④谈判供应商应提交的资格、资信证明等。

⑤谈判项目的技术规格、要求和数量，包括附件和图纸等。

⑥合同主要条款和签订方式。

⑦交货和提供服务的时间文件。

⑧评标方法、评标标准和废标条款等文件。

除此之外，采购企业还需考虑与会的供应商的餐食和饮水问题，通知企业后勤部安排好餐饮事宜和会议进行过程中的供水事宜，让参会的供应商感受到企业的周到服务，消除供应商的谈判抵触和敌对情绪，更利于双方达成采购合作。

大多数谈判会议会持续大半天的时间，有的重要性采购项目的谈判会议可能持续一两天，这种情况下，采购企业就不能仅仅准备一顿午餐，如果遇到谈判会议持续一天或几天的，企业原来的餐饮准备不充分，很可能造成无法及时供餐的问题。同时，会议进行中，水的供给也不能忽视。

5.1.2 采购谈判要谈哪些内容

采购企业和供应商在进行谈判时，主要涉及的内容会因为谈判阶段的不同而有些差异，具体情况见表5-1。

表 5-1 采购谈判不同阶段的谈判内容

阶　段	谈判内容
初步谈判	谈判小组按已确定的谈判顺序，与单一供应商分别就符合采购需求、质量和服务等条件进行谈判，并了解其报价组成情况。谈判小组一致确定响应供应商符合谈判文件要求的，按谈判文件设定的方法和标准确定成交候选人。在第一阶段谈判中未能确定成交候选人的，修正谈判文件后进行第二阶段谈判（进入谈判阶段）
文件修正	第一阶段谈判（初步谈判）结束后，谈判小组进行合议，确定采购内容的详细规格或具体要求，优化采购方案
深入谈判	谈判小组就修正后的响应文件与供应商分别进行谈判，谈判的内容依旧是采购需求、质量和服务，但重点内容是对这三个部分的细节进行讨论和谈判，比如，临时增加采购量要怎么处理、质量没有达到预期要如何处理，以及供货时双方会提供哪些附加服务来促进采购交易的完成等
最后报价	谈判的内容主要是采购价格，成交候选人做最后的报价，密封递交给谈判小组，谈判小组按报价从低到高排序，推荐成交候选人顺序，形成谈判报告

由上表可知，采购谈判要谈的内容主要是采购需求、采购质量、采购服务及采购价格，而不同阶段对这四项内容会有谈判侧重点。

①采购需求。指对采购标的物的特征描述。在第一阶段的谈判中，采购需求的具体内容应包括材料物资的质量、性能、功能、体积、符号、标志和工艺等技术规格，这是采购企业对采购物资的基本要求，所以需要在第一阶段的谈判中明确。而谈判文件修正阶段和第二谈判阶段中，采购需求的具体内容应是采购数量和一些紧急变动的处理。

②采购质量。指与采购活动相关的质量问题，即对供应商提供的产品进行质量的明确，包括材料物资的质量、功能和时间效率等内容。在第一谈判阶段要明确采购质量的要求，而第二阶段的谈判需要对质量不符合的情况做出处理措施的明确规定。

③采购服务。包括采购方式的确定（如联合采购和采购外包等）、采购咨询、采购代理、标书制作及物流管理等服务。第一阶段谈判时明确采购服务的类型，第二阶段谈判时针对提供的服务出现问题时，明确相应的解决措施。

④采购价格。在谈判第一阶段可适当提及采购价格的问题，但不能过分强调价格，否则会失去很多候选供应商。在修正谈判文件并进入谈判第二阶段后，着重强调采购价格，就这一谈判内容与供应商们进行谈判协商，你来我往，得出一个合理的价格。

5.1.3　一般采购谈判需要经过的流程

前面我们粗略地知道了采购谈判的几个阶段，但具体流程是怎样的还不是很清楚，为了严格把控谈判进程，我们需要对具体的流程有清晰的认识。

（1）计划和准备

在采购谈判的计划和准备环节，作为采购方，需要做的事情包括但不限于如下一些方面。

①成立专门的采购谈判小组。

②确定采购谈判的具体目标。

③分析本企业和供应商各方的优势与劣势。

④收集与采购项目和采购谈判活动有关的信息。

⑤认识并了解对方的需要。

⑥识别实际问题和情况。

⑦为每一个环节设定一个成交点。

⑧开发采购谈判策略。

⑨向其他人员简要介绍谈判内容。

⑩进行谈判预演。

（2）开篇

在采购谈判的开篇环节，谈判双方（即采购方与供应商）互做介绍，熟悉对方谈判团队的人员组成结构，商议谈判议程和程序规则，同时探讨本次采购谈判涉及的范围，包括双方希望在谈判中解决哪些事宜和问题等，以期达成一致意见的共同目标。

（3）正式洽谈（谈判）

在采购谈判的正式洽谈环节，采购方与供应商应尽可能地确定并解决阻碍谈判达成共同目标的分歧。比如针对采购价格、付款方式及交易地点等进行反复的磋商，直至双方达成共识。

（4）成交

采购方与供应商在达成谈判共识后，确定合作协议，结束谈判。

后续需要起草一份声明，尽可能清晰地描述双方已经达成一致的内容，并将其呈送到谈判各方，以便各方提出自己的意见并签名；同时，将达成的协议提交给双方各自的委托人，协议内容主要包括双方就哪些事项达成了协议，从该协议中可以获得哪些益处等。

此外，就是执行协议、设定专门程序监察协议履行情况并处理可能会出现的问题等事宜了。当然，大部分谈判双方还会在谈判结束后开展一场聚餐，促进合作双方的关系。

5.2 组织与实施采购谈判

组织与实施采购谈判是企业采购人员与供应商进行采购谈判的重要环节，这个环节的工作做好了，就能为企业争取更多的利益，比如更优惠的采购价格，更符合本企业采购需求的交易条件等。

5.2.1 组建专业的采购谈判小组并确定谈判地点

采购谈判的开展要有人员的参与，采购企业通常需要组建专业的采购谈判小组。因为"专业"，所以可以有效提高企业的采购谈判效率，并且为企业选到合适的供应商。

然而，在正式开展采购谈判活动前，采购谈判小组需要确定具体的谈判地点，以方便谈判双方洽谈。

（1）组建专业的采购谈判小组

企业在组建专业的采购谈判小组时，需要明确参与谈判的人员应该具备的条件，同时还要合理设置谈判小组成员之间的组成结构。比如可以参考图 5-1 所示的人员结构进行设置。

● 首席代表

由最具专业水平的采购经理或采购总监担任。该位置在谈判过程中主要承担如下责任：指挥谈判，裁决与专业知识有关的事宜，精心安排小组中的其他人员的工作。

● "白脸"

由被对方大多数人员接受的人员担任。该位置在谈判过程中主要承担如下责任：针对对方的观点表示同情或理解，做出试图让步的姿态，给对方安全感的假象，使他们放松警惕。

● "红脸"

由让对方感到如果没有他（她）会比较容易达成一致的人员担任。该位置在谈判过程中主要承担如下责任：必要时提出终止谈判，削弱对方提出的任何观点和论据，尽力找到对方的弱点。

● "强硬派"

在每件事情上都采取强硬态度，使问题复杂化的人员。该位置在谈判过程中主要承担如下责任：用延时战术来阻碍谈判过程，允许他人撤回已提出的未确定的报价，观察并记录谈判的进程，使谈判小组的讨论集中在谈判目标上。

● "清道夫"

将所有的观点集中，整体提出这些观点的人员。该位置在谈判过程中主要承担如下责任：设法使谈判走出僵局，防止讨论偏离主题太远，指出对方论据中自相矛盾的地方。

图 5-1　采购谈判小组的成员结构

（2）确定谈判地点

采购企业和供应商在正式开展采购谈判前，选择谈判地点时要考虑各种影响因素，切实做好为采购谈判顺利进行提供保障的工作。那么，我们应该从哪些方面考虑谈判地点呢？

①选择靠近信息源的地点。在靠近信息源的地点进行采购谈判，对采购企业来说可快速获得所需采购物资的市场价格信息以及供应商的经营情况和信誉状况等，从而可以有根据地与供应商进行采购价格的谈判，防止供应商故意提高售价而采购企业还浑然不知。同时，对供应商来说也可以通过收集信息来合理确定自己的报价和采购方的经济实力，从而判断采购方是否适合作为合作伙伴。

②选择在利益可轻松兑现的地方。比如甲采购企业与乙供应商协商确定在乙所在城市的某个地点进行采购谈判，最终谈判结果中有一项是由乙供应商免费为甲采购企业运货，这样，乙供应商就可以在谈判结束后快速地为甲采购企业安排发货。这样可以避免谈判结果无法及时实施的困境。

③选择能让谈判双方都感到心情愉悦、精神放松的地方。这样双方在谈判过程中更容易为对方着想，也更容易就各个方面达成一致，从而提高谈判效率。

总之，采购谈判地点的选择要同时考虑采购企业与供应商双方的利益，尽量做到在地点的选择上达成一致意见。

5.2.2 做好谈判双方的形势分析

采购企业为了让己方在采购谈判过程中占据显著优势，就需要事先对供应商的当前经营和发展形势进行全面分析。同理，供应商也会对采购企业做好形势分析。

下面就对采购谈判的双方如何做好对方的形势分析进行细致说明。

（1）采购企业需要分析的供应商形势

采购企业分析供应商的形势时，可以从如图 5-2 所示的几方面入手。而在实际经营过程中，还需要在与供应商的不断合作过程中探索，不断完善对供应商形势的分析工作。

了解供应商的业态状况

业态状况指业务经营的形式、状态，通俗点讲，就是企业将产品卖给谁、卖什么、怎么卖。也就是说，采购企业要了解并分析供应商的经营范围、他的购买客户及过往交易方式等情况，从而为采购企业确定是否将该供应商确定为成交供应商提供判断依据。

了解并分析供应商的营销策略

供应商的营销策略会反映其对待客户的态度，即对待采购方的态度，是积极争取合作，还是顺其自然成交，又或者是消极对待无所谓。通常来说，积极争取合作的营销策略下，供应商往往会给采购方一定的优惠或者其他利益；反之，消极对待很可能是坚定供应商自己的立场和利益，不对采购方做出任何让步和妥协，如果采购方认为各交易条款不符合需求，则不成为合作伙伴即可。

分析供应商的供货分布情况

供应商的供货分布情况在一定程度上可反映供应商的业务覆盖范围，对其进行分析，可了解供应商的客户偏好及所生产产品面向的主要受众。这些情况也都可以为采购企业判断供应商提供的物料或服务是否是本企业真正需要的产品奠定基础。

了解并分析供应商的资金状况和企业形象

供应商的资金状况决定了供应商的经济实力，换句话说，实力雄厚的供应商可保证采购企业及时收到所购物资或服务，有效避免采购企业因供应商供货不及时导致的供产脱节或供销脱节。另外，了解供应商的企业形象，可得知供应商在经济市场中的信用好坏，或者可以结合信用调查来分析判断企业信用及企业形象，信用好的供应商对采购企业来说存在较低的违约风险，即供应商不能及时提供货源的风险较小，这对采购企业是有利的。

图 5-2　如何分析供应商形式

（2）供应商需要分析的采购企业形势

供应商分析采购企业的形势时，可以参考如下所示的四个方面入手实施。同样地，实际经营过程中，也需要不断完善分析时需要考虑的因素。

①分析采购企业的经济状况和经营情况。采购企业的经济状况及经营

情况的好坏，决定了采购企业的付现能力，而这一能力直接关系着供应商是否能及时从采购企业收到货款，因此供应商需要对此进行分析。

②分析采购企业的营销策略。这一点与分析供应商的营销策略有异曲同工之妙。供应商分析采购企业的营销策略，可判断采购企业销售产品的积极性和效益性。

如果采购企业营销策略积极主动，则销售业绩不会差，账款的回收速度也会比较快，用于支付采购货款的资金就会有保障，对供应商来说是有利的；反之，如果采购企业的营销策略消极被动，销售业绩不好甚至非常差，销售货款的回笼就可能出现问题，用于支付采购货款的资金就没有保障，对供应商来说可能面临无法及时收到货款的情况，是不利的。

③分析判断采购企业过往支付信用。有时，采购企业自身销售业绩不够理想，但其支付信用一直都很好，这种情况下，供应商也不可"一刀切"地排除采购企业的合作意向，而需要具体分析采购企业为什么在销售业绩不好的情况下还能保持良好的支付信用。

如果发现采购企业销售业绩不算很好，但销售货款的回收速度和力度较大，所以支付信用一直保持良好，则供应商可选择采购企业达成采购和供应的关系；如果发现采购企业只是因为流动资产足以支付货款，但长期处于快要亏损的经营状态，则要慎重考虑是否与其达成合作关系。

④分析了解采购企业过往的采购预算水平。采购企业过往的采购预算水平，在很大程度上会影响采购企业当期或当次采购预算的编制。而采购预算又直接关系到采购价格的选取，进而影响着采购企业与供应商之间就采购价格进行的谈判结果。

如果采购企业的采购预算水平较高，则双方在进行采购价格谈判时有较大的协商空间；反之，如果采购企业的预算水平较低，甚至接近供应商所提供产品的成本价，则双方的价格谈判空间微乎其微，双方达成交易的可能性越小。

为了能快速筛选出成交可能性较大的采购企业，供应商需要对采购企业的采购预算水平进行分析判断。

5.2.3 制订初步的采购谈判策略

有勇有谋的人做事会比有勇无谋的人更容易成功，由此可见，"谋"的重要性。采购谈判也一样，企业要做好采购谈判事宜，很有必要制订采购谈判策略。

常见的谈判策略有：避免争论、抛砖引玉、留有余地、以柔克刚、情感沟通及先苦后甜等，简单介绍见表 5-2。

表 5-2 采购谈判可以采用的常见策略

策 略	介 绍
避免争论	由于谈判过程中采购企业与供应商均会站在自己的利益角度考虑问题，因此出现分歧是难免的。这时要促使双方正在进行的谈判内容得到有效解决，就应尽可能避免争论，冷静听取对方的意见。在双方提出不同意见时，讨论也要更委婉一些，防止对方产生抵触情绪。这种策略适合于采购谈判的各个环节
抛砖引玉	该策略主要是指在采购谈判过程中，一方主动提出各种问题但不提供这些问题的解决方法，而是让对方给出解决方法 这种策略很显然是非常尊重谈判对方的，更能了解对方的真正需求。但是这种策略在两种情况下不适用：一是谈判出现分歧时，如果采用这种策略，很可能导致对方误会己方在故意刁难，或者是在推卸责任；二是对方自私自利、寸利必争的情况，运用这个策略就很可能导致对方乘机抓住所有对他有利的因素，从而使己方处于非常被动的地位，不利于己方在谈判中掌握自身的节奏，对最终形成有利的谈判结果产生阻碍
留有余地	实务中，交易双方总是要对方看得很势利，比如采购企业为了尽快促成交易，可能在采购预算范围内适当调高采购价格，但这样不仅不能让供应商满足，在他们看来采购方的预算还远远不止这样的水平，此时就很可能导致供应商在方的采购价格基础上加价，或者无法做减价妥协，这对采购企业来说是不利的。既然不管怎样，供应商都会认为采购方提出的采购价格标准是低于其采购预算的，那么何不一开始就给出比较低的采购价格，这样在后续的谈判过程中还有较大的协商空间 这种策略最常适用于两种情况：一是对方寸利必争；二是在不了解对方的情况下
以柔克刚	在进行采购谈判时，占据主动地位的一方或多或少会表现强硬态度，另一方如果也以强硬的态度表示反对或不满，就会使谈判活动无法进行下去。此时，另一方就需要采用以柔克刚的策略，慢慢消磨对方盛气凌人的态度，在对方得到默认的满足以后，就很可能变得通情达理而站在我方的角度考虑问题，回到公平、合理的谈判氛围中

续上表

策　略	介　绍
情感沟通	情感对人的思维及想法的影响不容忽视，因此在采购谈判过程中可充分利用情感因素来影响对方，不仅可以增进彼此之间的了解，还可以建立交易之外的友谊，从侧面促进谈判顺利进行
先苦后甜	这种策略类似于欲扬先抑，作为采购方，要想获得供应商价格方面的优惠，谈判时就可以主动从货款支付方式及运输等方面给供应商提供便利，这对采购方来说就是先"苦"，得到价格优惠就属于后"甜"

然而，采购企业和供应商在谈判中的立场是不同的，因此，有些采购谈判策略对采购方有利，而有些则对供应商有利。下面从利于采购方的角度分析一些可以使用的采购谈判策略。

（1）比较压价策略

比较压价策略主要指采购方通过列举其他同类产品的供应商给出的报价来与正在谈判的供应商的报价进行比较，从而让供应商觉得自己的报价过高而降低价格。

所以，这种策略适用于参与谈判的供应商报价高于市场中其他供应商报价的情况。

（2）迂回采购策略

迂回采购策略类似于避实就虚的采购策略，即采购方有意识地将谈判的内容引导到相对次要的问题上，借以转移供应商的注意力。

比如，当供应商坚持不做价格让步时，采购方可通过自行严格付款方式或适当降低对产品或服务的要求，来使供应商感到自己占了"便宜"，从而促使其对采购方做出价格让步。

当然，这种策略主要运用在谈判双方最重视的问题是不同的情况。

（3）适当示弱策略

适当示弱策略实际上是情感沟通策略的具体运用。作为采购方，可以在与供应商进行谈判时适当示弱，比如告知对方本企业近期盈利状况较差，资金回笼速度放慢等，以此来获得供应商的价格优惠，或者是付款信用期限的延长等。

但要注意，这种策略的运用需要准确把握好度，否则过分示弱会导致供应商不看好企业的偿债能力，从而放弃与企业合作。

5.2.4　SWOT分析法在采购谈判活动中的运用

SWOT分析原本是基于内外部竞争环境和竞争条件下的态势分析，也就是将与研究对象密切相关的各种主要内部优势、劣势和外部机会、威胁等，通过调查列举出来，并依照矩阵形式排列，然后用系统分析的思想，把各种因素相互匹配起来加以分析，从中得出一系列相应的结论，而结论通常具有一定的决策性。

后来，SWOT分析法运用在了其他很多分析情境中，采购谈判活动中还可以运用。

SWOT分析法中，S（strengths）即优势，W（weaknesses）即劣势，O（opportunities）即机会，T（threats）即威胁。无论什么情境下，在进行SWOT分析时，都需要借助一个基本的模型，如图5-3所示。

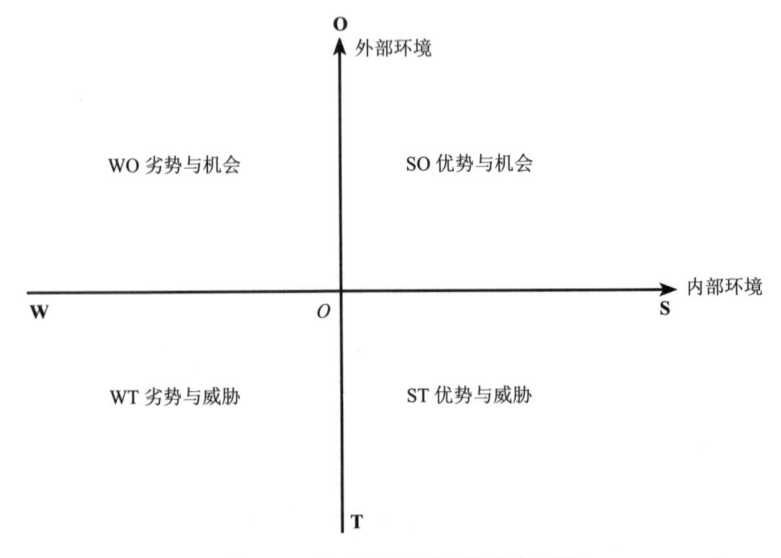

图5-3　SWOT分析法的基本模型

那么，采购谈判中具体该如何运用 SWOT 分析法呢？

(1) SO 优势与机会

如果采购企业与供应商进行采购谈判时，既发现自己存在优势，又发现存在外部机会，则对采购企业来说是处于一种积极有利的谈判地位。这些自身优势和外部机会可能有图 5-4 所示的一些方面。

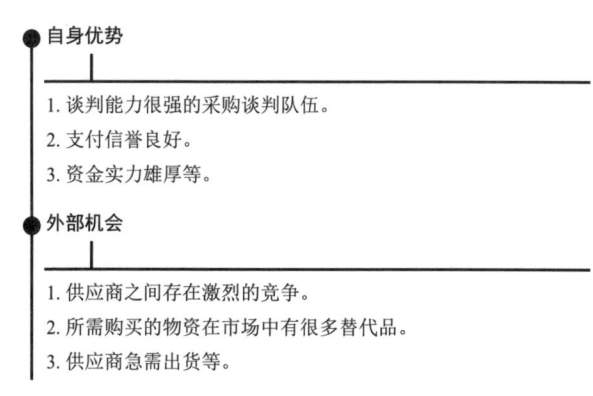

自身优势
1. 谈判能力很强的采购谈判队伍。
2. 支付信誉良好。
3. 资金实力雄厚等。

外部机会
1. 供应商之间存在激烈的竞争。
2. 所需购买的物资在市场中有很多替代品。
3. 供应商急需出货等。

图 5-4　优势与机会

当采购企业处于既有自身优势又有外部机会的情况下时，就可以在采购谈判中占据主导地位，采购方的谈判人员也可以按照自身需求适当压低采购价格，并在交货期和付款方式等方面提出对自己更有利的要求。比如采购企业急需物资开展生产活动，则可要求供应商尽早出货；暂无足够现金时向供应商提出以商业汇票或银行汇票等支付货款的办法。当然这些要求都需要双方达成一致。

(2) WO 劣势与机会

如果在采购谈判中，采购企业很难发现自身有什么优势，反而劣势特别突出。此时也不要感到谈判无望，还需看外部环境中是否有机会存在，寻找到机会就可能帮助企业顺利完成谈判。如图 5-5 所示。

- 自身劣势

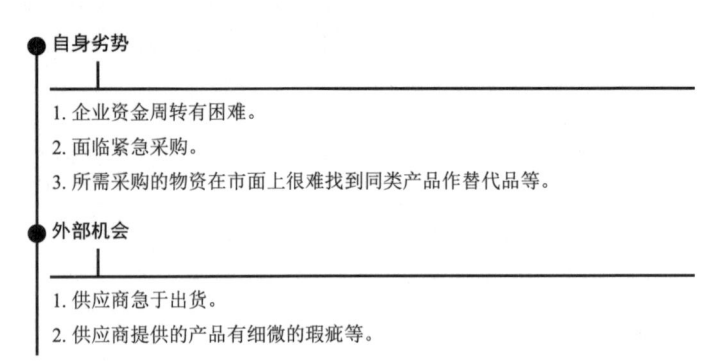

1. 企业资金周转有困难。
2. 面临紧急采购。
3. 所需采购的物资在市面上很难找到同类产品作替代品等。

- 外部机会

1. 供应商急于出货。
2. 供应商提供的产品有细微的瑕疵等。

图 5-5　劣势与机会

如果有外部机会，则采购企业就处于有自身劣势但也有外部机会的环境中，此时企业可扬长避短，避开自身劣势的同时充分地利用外部机会。

比如，采购企业在谈判时一定不要表现出对物资的渴求，至于资金周转困难的事实，还是要让供应商知晓，同时要充分利用外部环境造就的机会，将谈判内容尽可能地引到有利于企业的一方。

（3）ST 优势与威胁

如果采购企业在采购谈判过程中发现企业自身具有优势，但外部环境会对己方的谈判地位构成威胁。此时就表明企业处于既有自身优势又有外部威胁存在的谈判环境中。如图 5-6 所示。

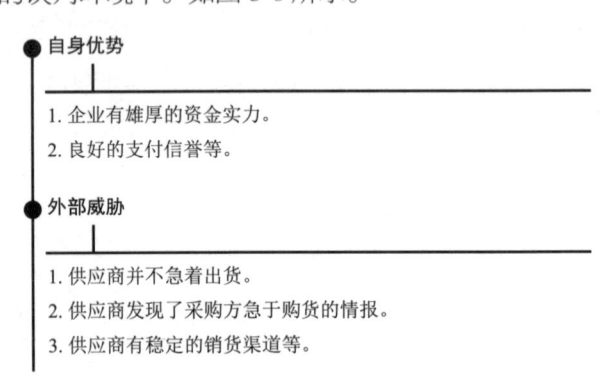

- 自身优势

1. 企业有雄厚的资金实力。
2. 良好的支付信誉等。

- 外部威胁

1. 供应商并不急着出货。
2. 供应商发现了采购方急于购货的情报。
3. 供应商有稳定的销货渠道等。

图 5-6　优势与威胁

此时，采购企业就需要充分利用自身优势，同时规避或解决外部环境带来的威胁。比如营造一种有另外的供应商供货的假象，或者是找出供应商的劣势，如所生产的产品存在瑕疵，或交货时间长，以此来弱化外部威胁，找到外部机会，反转谈判地位。

（4）WT 劣势与威胁

如果采购企业在采购谈判中发现自身劣势突出，同时外部威胁也很明显，这时企业处于最恶劣的谈判环境中。如图 5-7 所示。

自身劣势
1. 企业急着购货。
2. 企业资金周转困难。
3. 企业所需购买的物资很少有供应商在生产等。

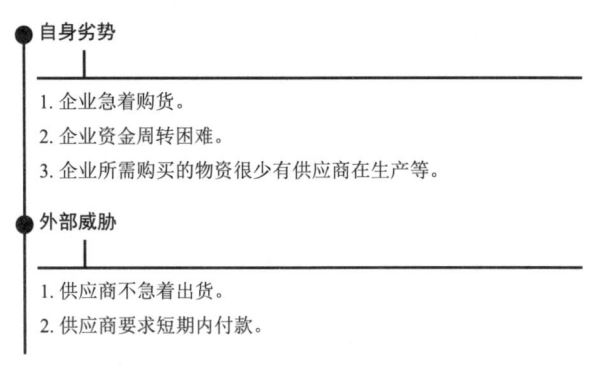

外部威胁
1. 供应商不急着出货。
2. 供应商要求短期内付款。

图 5-7　劣势与威胁

针对企业急着购货而供应商不急着出货的情况，购货方可在预算范围内适当提高采购价格，以期争取供应商供货。

如果采购企业资金周转困难，就需要与供应商协商是否可以用其他非现金方式付款，如果不行，可通过以后长期进货需求来吸引供应商给予短期内的价格优惠。如果所需购买的物资供应范围较小，为了避免谈判供应商垄断市场，随意报价，可通过合法、正规的手段收集供应商产品成本的信息，以此为据限制供应商漫天要价。

总之，采购企业利用 SWOT 分析法了解到自身所处的采购谈判地位后，就要根据实际情况做出相应的谈判策略，以规避对己方不利的因素，减少己方的损失。

5.2.5 掌握价格磋商的常用方法

磋商是谈判双方对报价和交易条件进行反复协商、做出必要的让步或是得到一定的利益的过程，是谈判的实质性阶段。这里所说的"价格磋商"，泛指采购企业与供应商之间反复商量价格。

为了在价格磋商过程中占据优势，采购企业需要掌握相关的磋商方法，具体如下所示。

（1）尽可能避免接受第一次报价

在谈判采购中，也可以由采购企业先向供应商询价，并邀请供应商提供报价。之所以有价格磋商，说明采购企业与供应商之间对于采购价格没有达成共识，所以也表明采购企业没有接受供应商的第一次报价。

（2）尽可能低估供应商的第一次报价

采购企业低估供应商的第一次报价，目的是要在供应商提出报价后能真实地做出价格太高的意外反应。这样供应商就可能会因为采购企业对报价的意外表现而调低报价。相反，如果采购企业对供应商第一次提出的报价都没有感到意外，则供应商就会下意识认为采购企业完全能够接受他们提出的报价，这对后期采购企业进行价格谈判是非常不利的。

（3）善用价格小数位

日常生活中，我们常常在一些商场或超市看到类似于9.99元、49.90元、79.90元和89.99元等商品价格，这些价格分别与10.00元、50.00元、80.00元和90.00元相差很大吗？好像也不是，也就0.01元（1分）或0.10元（1角）的差距，但消费者总会觉得9.99元、49.90元、79.90元和89.99元等商品价格要比10.00元、50.00元、80.00元和90.00元低。这是因为定价方（即卖方）给了消费者关于价格的心理暗示。

如果采购企业在采购谈判中确实很难压低价格，就可以考虑采用这种价格小数位的方法，使得单位产品价格看上去没有降低多少，供应商也能欣然接受，一旦订单数量较多，就会便宜很多。

（4）设法隐藏购买意图

在采购谈判环节的还价过程中，采购企业要设法隐藏自己的购买意图，切忌表露出对谈判供应商非选择不可的心态，如果表露出了这样的心态且被谈判供应商发现，采购企业将立即处于劣势，供应商就会以此来漫天要价。

即使谈判供应商确实是采购企业目前可选的为数不多的供货方，也一定不要表现出强烈购买意图。相反，可以暂不对供应商的报价做出应答，给供应商一种"不降价就放弃，然后另寻其他供应商"的错觉，给谈判供应商心理压力，刺激供应商尽快做出降价决定。

（5）了解供应商产品成本

采购企业可以利用合法、合理的手段收集谈判供应商的产品成本，并以此作为还价的依据，给予供应商适当的利润空间，还以一个合理的价格，让供应商不再有理由以高价出售产品，也使采购企业可以省去多余的还价环节，提高价格磋商效率。这一方法可有效防止采购企业由于卖方垄断市场而造成的不必要采购支出。

（6）进行必要的情感投资

采购企业向供应商还价时，尽可能地表现出为供应商着想的态度，让供应商不好意思多赚采购方的钱。同时，双方在有过合作之后，可以保持良好的合作关系，有了实实在在的"情感纽带"，在以后的价格磋商时就多了一项"筹码"。

具体操作时，可按照"抓大放小、赢得好感"的原则进行，即不要触碰供应商的利益敏感带，找到供应商并不在意的地方争取好处，获利的同时也能赢得供应商的好感。

5.2.6 牢记议价时需要注意的问题

采购企业与供应商的议价过程中，存在许多需要注意的细节，牢记这些细节，对议价是有好处的。

（1）还价时要敢于砍价

采购企业在向供应商还价时，要敢于大幅度地砍价，不要怕这样会得罪人，因为此时谈判双方还不是交易合作关系。大幅度砍价可人为增加谈判时的调价空间，对企业自身是有利的。在不断的议价过程中，双方就价格达成一致，就可能成为合作伙伴；达不成一致，就是谈判失败，对采购企业来说最多就是需要重新寻找供应商进行采购谈判。

（2）议价时不要乱还价

采购企业议价时一定不要乱还价，要掌握具体方法进行还价。因为乱还价的后果可能是企业需多支付不必要的采购价款，增加企业的采购成本。

（3）以供应商利润空间为依据进行议价

无论是采购企业还是供应商，经营的目的就是获利。因此，在与供应商进行采购谈判时，议价要以供应商的利润空间为依据，虽然要降低自身的采购成本，但也要考虑到供应商可以获取一定的销售利润。这样才有可能达到双赢，否则采购企业一味地追求低价而忽视了供应商的获利空间，就很可能"逼"供应商放弃合作。

（4）不能忽视对供应商产品成本的考察

很多采购企业以为从供应商的利润空间出发就能很好地控制采购成本，但实际上还忽视了供应商的产品成本可能"注水"的情况。为了切实保障自身利益，采购企业在于供应商议价时，还需考察供应商提供的产品成本信息的真实性。

（5）牢记价格不是采购与否的唯一判断标准

在与供应商的议价过程中，采购企业不要因为供应商的产品质量达不到要求就同意低价采购，这样后期生产出的产品很可能达不到销售要求，吃亏的还是企业自己。所以，议价过程中企业要综合考量供应商提供产品的质量与价格，尤其是质量，更不可得过且过。

除此以外，对于交期和付款方式等，采购企业也需要认真考量，实在无法与供应商达成一致的，也不要通过低价采购来勉强自己购买。

（6）议价前一定要确定参与谈判的人有权做主

可能有部分采购人员在与供应商进行采购谈判时遇到过双方已经达成一致了，但供应商参与谈判的人员却说自己没有权利做主，要向领导报告谈判的情况。每当这时，采购企业的谈判人员就会非常无奈，花了那么多时间议价，结果对方却说做不了主，还要请示领导，白白耽误时间。

所以，采购企业一定要在议价之前确定参与谈判的对方人员是可以完全做主的人，避免因权力受限而浪费时间，降低采购谈判的效率。

5.2.7 谈判中要避免这些事项

企业在与供应商们进行竞争性谈判时，需要避免一些事项或问题才能更好地促成谈判。常见的内容见表 5-3。

表 5-3　采购谈判中要避免的事项

避免事项	说　明
谈判行为举止拘谨	谈判过程中的行为举止可以表现谈判者的信心和决心，谈判有感染力，就可提升谈判者的可信度，让对手有理由接受你的建议。行为举止拘谨，言谈没有感染力，一方面会让对方感觉谈判过程很无聊很枯燥，另一方面也无法引起对方的兴趣，无法让双方进入到深刻的讨论当中
表情过于丰富	在谈判过程中，不要用带有感情色彩的词汇回答对手的问题，不要回应对方施加的压力，脸上表情不要太多，否则很容易让谈判对手读懂你的内心想法，然后被其"牵着鼻子走"

续上表

避免事项	说　明
起点要求太低	最初谈判时提出的要求高一些比较好，这样可以给自己留出回旋的余地，使得经过让步后所处的地位也不会太差。若起点要求太低，则经过谈判后可能会以更低的标准达成谈判，这将不利于自身的利益
轻易妥协	企业在确定一个立场之后就要明确表示不会再让步，否则一旦轻易地妥协，会让对方以为好说话，进而提出更不利于己方的要求
越权处理	谈判双方要诚心诚意地参与谈判，当必须要敲定某项规则时，可说明需要领导的批准，切忌越权处理事务或采购事项
急于求成，问题一把抓	如果面对一群谈判对手，则可先设法说服其中一个对手接受自己的建议，然后再通过此人帮助说服他的伙伴。对于对方提出的多个问题，采购方不能想着同时解决，要各个击破
不休息地进行谈判	企业应在一定时间内中止谈判会议，打破僵局或让双方休息冷静一下，当情况好转后再接着谈判。若不间断地进行谈判，会使得谈判双方精神疲劳，谈判效果不佳，双方抓不住谈判重点
情绪急躁	在与供应商进行谈判时一定要有耐心，切莫急躁。时间如果不够，可适当延长谈判时间即可，这样可提高谈判成功的概率。越是处变不惊，对手就越会感到采购方的强大，进而让其接受采购方提出的条件
分歧太多	谈判的过程就是产生分歧和解决分歧的过程，但实际谈判时不能有太多分歧，否则谈判双方会因为太多谈不拢的事项而放弃谈判

5.3　采购谈判大技巧

可能有采购人员想问，有什么办法可以让采购方在谈判的一开始就占据优势地位？如果谈判陷入了僵局，该怎么处理？如何巧妙运用供应商的弱点？对于采购谈判过程中可能出现的一些特殊情况，我们需要掌握一定的处理技巧。

5.3.1　如何才能做到开局制胜

采购企业在与供应商进行竞争性谈判时，如何才能一开始就抢占先机，占据谈判的主导地位，是谈判人员需要学习的工作技能。在实际操作中，谈判人员可从以下四个方面着手，为企业赢得谈判主导地位。

（1）选对谈判场合

不同的谈判地点对谈判气氛和结果会有不同影响，有利的场所能增加谈判的力量。下面对比主场谈判和客场谈判的优势，见表5-4。

表5-4 主场、客场谈判的优势对比

场 合	简 介	优 势
主场谈判	在己方所在地进行的谈判称为主场谈判	1. 谈判环境熟悉，有安全感 2. 与上级和专家顾问等人员的沟通更方便，容易获得智力支持 3. 可安排对己方有利的谈判议程和地点 4. 可利用本企业的相关规定、规章和物质条件等因素巧妙地对谈判施加影响 5. 可节省外出时间和费用
客场谈判	在对方所在地进行的谈判称为客场谈判	1. 可省去自身必须承担的迎来送往业务 2. 可以到供应商企业进行实地考察，获取准确的一手资料 3. 能防止供应商借权力有限为由故意拖延谈判时间

需要注意的是，在比较正式的谈判中，一般都是谈判双方轮流做东。如果没有事先约定，尽量让对方到己方企业谈判。如果过于主动、积极地到对方所在地进行谈判，可能会削弱己方谈判者的发挥和谈判地位。

谈判的具体地点则要根据谈判的不同需要而定。如果企业想让谈判比较正式，可选择经过特意布置的谈判室或会议室谈判；若想创造良好的谈判氛围，则谈判室内宜选择椭圆形桌子、柔和的灯光等；若想让对方感觉到有压力，谈判室内宜选择长方形桌子、压抑的灯光和严谨的标语等。如果不想让谈判太正式，而希望增进与对方的情感交流，则宜选择一些非正式的谈判地点，如咖啡厅、茶吧、餐桌或酒吧等地方。

（2）选对谈判时机

谈判时机的掌握就是对提问时机的掌握，在实际谈判过程中，问题即使提得再好，如果不合时机，同样起不到应有的作用，有经验的谈判者认为，提问时选择如下时机为宜。

①在对方发言完毕后提问。当对方发言时，要认真倾听，即使发现问题很想提问，也不要打断对方，可先把发现的问题记录下来，待对方发言完毕后再提问。这样不仅体现了自身修养，还能全面、完整地了解对方的观点和意图，避免操之过急而曲解或误解对方的意图。

②在对方发言停顿、间歇时提问。在谈判中，如果对方发言冗长、不得其发言要领、纠缠细节、离题太远等影响谈判进程的，可在对方发言停顿时借机提问。比如，可在对方停顿时借机提问"细节问题我们以后再谈，请谈谈你的主要观点好吗？"

③在自己发言前后提问。当轮到己方发言时，可在谈及自己观点之前针对对方的发言进行自问自答。比如"您刚才的发言说明什么问题呢？我的理解是……"在充分表达自己的观点后，为了使谈判沿着自己的思路发展，可这样提问"我们的基本立场和观点就是这样，您对此有何看法呢？"

④在议程规定的谈判时间内提问。聪明的谈判者在辩论前的几轮谈判中，总是细心记录，深入思考，抓住谈判桌上的分歧进行提问，不问则已，一问就要问到要害处。此外，提问的语速应快慢适中，并给予对方足够的答复时间。

（3）学会给问题设定范围

为了使谈判过程中所提的问题在可控范围内，企业需要事先对可能涉及的问题设定范围。这样不仅可以在谈判时提醒自己该如何提问，也可以在谈判跑题时及时回归主题。

在给问题设定范围时，首先，确定每一个谈判阶段会涉及的主要问题；其次，对每一个主要问题可能关联的相似问题或相反问题进行列举，争取涵盖同一问题的各个方面；再次，对问题可能引发的影响谈判进程的情况也要考虑到，必要时可在问题旁边进行注释说明；最后，将所有问题进行整理归类，做成一份完整的提问单。

比如，在谈判第一阶段针对采购需求可能会涉及的问题有这样一些方面。

①你方大致需要的采购量是多少？

②除了谈判文件中列举的产品型号外，是否还需要其他型号的产品？

③对于产品的性能有没有特殊的要求？

④你方目前经营的产品规格有哪些？

⑤哪种规格的产品销售业绩好？

⑥采购的材料物资不能及时发货，是否有同等价值的材料物资代替？

⑦为什么报价组成要这样设置？

（4）选对谈判方式

谈判方式的类型繁多，不同的谈判方式会对谈判效果产生不同的影响。而众多谈判方式可归纳为两大类：口头式谈判和书面式谈判。

口头式谈判是指谈判双方就谈判的相关议题以口头形式提出并磋商，而不提交任何书面形式文件的谈判，比如面对面谈判和电话谈判等。

书面式谈判指谈判双方或多方将谈判的相关内容和条件等通过邮件、电传或互联网等方式传递给对方所进行的谈判，如函电谈判和网上谈判。

◆ 面对面谈判

面对面谈判是所有谈判方式中最古老、应用最广泛和最常用的一种方式，谈判双方直接面对面地就谈判内容进行沟通、磋商和洽谈。

该方式可直接观察对方的仪表、手势、表情和态度，具有较大的灵活性，谈判流程较规范，内容更加深入细致，有利于建立长久的贸易伙伴关系，成功的概率比较高。但是，该方式下容易被谈判对方了解到己方的谈判意图，且决策时间短，费用较高。

该谈判方式的适用范围：比较正规、大型或重要的谈判及谈判各方相距较近的情况。

◆ 电话谈判

与面对面谈判的不同之处在于，电话谈判中双方不见面地进行磋商，相同之处在于都用言语的表达来完成谈判过程。

该方式的优点是快速、方便且联系广泛，缺点是容易引起谈判双方的误解，容易被拒绝，某些事项容易被遗漏或删除，合作关系的确立有风险，谈判时间也比较紧迫。

该谈判方式的适用范围大致有如下所示的一些方面。

①想与对方快速联系、沟通并尽快成交的。

②想取得谈判优势地位的。

③想使商务信息的流传面小的时候。

④想降低谈判双方地位悬殊的。

⑤在拒绝谈判对手时或想中断谈判时。

⑥故意表示己方谈判态度强硬和立场坚定时。

⑦对待难以沟通和难以对付的谈判对手时。

采取电话谈判时要注意，争取主动、做好准备工作、集中精神、听说有度、把握节奏、及时更正且记录完整，更重要的一点是，要做好录音工作，防止对方承诺反悔。

◆ 函电谈判

函电谈判指通过邮件和传真等途径进行磋商，寻求达成交易的书面谈判方式。与电话谈判的相同之处在于都是不见面的磋商，不同之处在于表达方式是用文字而不是语言。

该方式在国际贸易商务谈判中使用最普遍、最频繁，方便、准确、省时且成本低，有利于谈判决策；但由于通过文字进行谈判，所以可能出现理解不一致的情况，不见面就无法观察判断对方的心理活动，不能运用语言和非语言技巧，讨论问题也不会很深入、细致。

> **知识扩展** 函电谈判需要注意的写作结构和执行程序
>
> 函电谈判时要注意函电的写作结构，一般包括标题、编号、收文单位、正文、附件和发文单位、日期及盖章等。在处理谈判函电时要有计划、分步骤、不积压、不遗漏及不出差错。
>
> 函电谈判有其独特的程序，询盘（多由卖方发出，询问另一方供应或购买某种商品的条件）→发盘（多由卖方发出，向另一方提出买卖商品的交易条件）→还盘（受盘人不同意发盘条件，提出修改意见）→接受（受盘人同意发盘条件）→签订合同。

◆ 网上谈判

网上谈判是借助于互联网进行协商和对话的一种特殊书面谈判，为买卖双方的沟通提供了丰富的信息和低廉的沟通成本，具有强大的吸引力。其特点是：加强了信息的交流、有利于慎重决策、可降低谈判成本、能改善服务质量并增强企业的竞争力，也能提高谈判效率。

网上谈判要注意加强资料的存档保管工作，谈判交易条件和确认等资料要及时下载并打印成纸质文件，以备存查。虽然是网上谈判，但也必须签订书面合同。

企业根据上述谈判方式的优缺点，结合自身的发展需要，选对方式就可达到开局制胜的效果。

5.3.2 谈判陷入僵局怎么处理

谈判陷入僵局是指谈判过程中，双方所谈问题的利益要求差距较大，各方又都不肯做出让步，导致双方因暂时不可调和的矛盾而形成对峙，使谈判呈现出一种不进不退的僵持局面。如果企业与供应商在谈判过程中不慎陷入僵局，则需要及时打破僵局，具体办法从以下两方面介绍。

（1）缓解意见性对立僵局的技巧

意见性对立僵局就是谈判双方针对谈判内容本身产生的立场对立局面，

主要可从四个方面入手打破僵局。

①借助有关事实和理由委婉地否定对方的意见。在否定对方意见时要遵循四点：先肯定，后否定；先利用，后转化；先提问，后否定；先重复，后削弱。

②求同存异。即先由对方采取主动改变话题来打破僵局，当经过一定时间的争执或沉默后，己方不能确定对方会先改变话题，而僵局的持续给己方带来很大压力时，己方可主动改变话题打破僵局。

③拖延战术。当谈判双方陷入僵局时，有必要把洽谈节奏放慢，看看阻碍谈判的障碍到底是什么，然后想办法解决；或者利用消磨意志的方法迫使对方主动打破僵局；另外，己方可通过拖延谈判时间来引导对方留下漏洞，从而抓住漏洞来打破僵局。

④角色转换。当谈判一方陷入僵局时又不想做较大让步，就可以让有决定权的决策人转入幕后指挥，而让代理人替其进行谈判，以打破僵局。这时选择代理人的条件要合适，代理人在谈判时要善于使用"权力有限"这一武器。

（2）缓解情绪性对立僵局的技巧

有的谈判陷入僵局并不是因为谈判文件和内容本身，而是因为参与谈判者的情绪，比如抵触、反感谈判会议等。这种情况下有三种处理方式。

①运用休会策略。休会的目的是通过暂停会议来使谈判双方能够冷静下来，认真思考谈判的利弊。

②运用真挚的感情打动对方。当谈判对方的情绪波动较大时，己方要态度诚恳地表达合作意愿，要对谈判涉及的内容更加坦白，凸显胸怀。

③利用第三者调解或仲裁。当谈判双方的情绪非常激动而无法冷静下来时，可能就需要采取这种方法来打破情绪化造成的僵局。

5.3.3 懂得利用谈判对手的性格弱点

谈判的成败取决于很多因素，从谈判过程和主观角度看，其关键因素是谈判双方的人员性格。灵活地采用因人而异的谈判策略可提高谈判的成功率，而要做到这一点就必须了解对手的性格。下面就针对谈判中常常遇到的对手类型进行性格分析和谈判应对措施的讲解。

（1）应对能说会道的谈判对手

这类谈判对手爱说话，谈判刚刚开始客气几句就滔滔不绝地发表意见。他们善于表达，在陈述意见和观点时逻辑性强，言简意赅，使无理的事情都变得有理。他们处事机灵，对外界事物反应敏感，但对事物的评价缺乏客观性，有时会感情用事，容易改变立场。

应用示例 以静制动应对能说会道的谈判对手

日本一家航空公司就引进法国飞机的问题与法国的飞机制造厂商进行谈判。为了让该航空公司了解产品的性能，厂商代表做了大量准备工作，各种资料一应俱全。

谈判一开始，急于求成的厂商代表口若悬河，滔滔不绝地进行讲解，翻译忙得满头大汗。航空公司的代表埋头做笔记，仔细聆听，一言不发。厂商代表最后问道："你们觉得怎么样？"航空公司代表微笑着回答："不明白。"厂商代表只得又进行一次讲解。这样反复几次的结果，航空公司把价格压到了最低。

厂商代表自顾自地发表自己的意见，完全不顾及航空公司代表，航空公司代表虽然在认真听并做笔记，但厂商代表的做法也会让航空公司感到夸张，可信度不高，所以最后被航空公司代表压低了价格，赢得了谈判。案例中的航空公司代表以静制动，不仅没有被厂商代表的"雄辩"吓住，反而赢得谈判。

由此可知，当采购方遇到供应商谈判时滔滔不绝发表意见而不给其留有反驳空间时，需要掌握一定的应对策略。主要有如下一些方面。

①不要被对方的"雄辩"吓倒，要有针对性或及时地畅谈己方的观点。

②要利用对方爱说话、善交际的特点，多与其沟通交流，给足他"畅谈"的时间，这样可从其暴露的很多漏洞中寻找谈判突破口，以不变应万变，

占据谈判主导地位。

③不要被对方的夸夸其谈所迷惑，一定要坚持自己的立场，不要轻易妥协。谈判最忌讳轻易妥协，因为一旦开始妥协，就会促使对方得寸进尺提出不合理要求。

（2）应对顽强固执的谈判对手

这类谈判对手具有韧性、精力充沛、毅力强，在谈判中不仅能适应紧张的环境，还能锲而不舍地坚持到底，即使遇到困难也不灰心。同时，这类人固执己见，不轻易改变自己的观点，不能以客观标准衡量事物，我行我素，不给别人留下任何余地。

应用示例 以柔克刚应对顽强固执的谈判对手

国外某公司代理A工程公司到我国与B公司谈判出口工程设备的交易。B公司根据其报价提出了意见，建议对方考虑市场的竞争性和该公司第一次进入我国市场的问题，认真改善价格。

A公司做了一番解释后仍不降价，并说其委托人的价格是合理的。B公司对其条件做了分析，A公司又做解释，一上午的谈判时间过去了，毫无结果。

B公司认为其过于傲慢固执，A公司认为B公司毫无购买诚意且缺乏理解力。双方互相埋怨后谈判不欢而散。

如果企业遇到顽强固执的谈判对手，可采取以柔克刚的方式，冷静、耐心地与之交谈，同时要尽力寻找对方的弱点，包括谈判实力的弱点和谈判者的性格弱点，把诱发需求和利用弱点相结合，这样就可以提高谈判成功的概率。

对于顽固又权力有限的谈判对手，可直接寻找到其领导进行商谈，但要注意，当无法实施上述办法时，还是及时退出谈判，不要浪费有限的时间和精力。

（3）深藏不露的谈判对手

这类谈判对手在谈判桌上存在着很多不轻易表露的言行，很有自控能力，所以城府很深，难以琢磨或揣测他们想说什么或想做什么。同时，这类人精于"装糊涂"，善于伪装自己，好像没听懂对方表达的意思，回答问题时吞吞吐吐、闪烁其词，甚至不着边际。

应用示例 适当"装糊涂"应对深藏不露的谈判对手

　　A 企业代表打开了房间里的灯，对三位 B 企业代表说："你们认为怎样？"一位 B 企业代表礼貌地回答："抱歉，我们不明白。"

　　A 企业代表的脸色顿时变了，这个回答太出乎他们的意料了，他不解地问："你们不明白？这是什么意思？你们不明白什么？"另一位 B 企业代表微笑着说："这一切都不明白。"

　　A 企业代表的心脏都要停止了，问："从哪里开始不明白的？"第三位 B 企业代表也只给出了相同的回答："从电灯关了开始。"那位 A 企业代表松了松领带，气馁地说："那么……你们希望怎样？"B 企业三位代表一齐回答："你们可以重放一次吗？"

　　至此，A 企业代表彻底感受到了挫折和打击，士气严重受挫，无法再信心十足地重复数小时的推销性介绍，且可能冒着再次对牛弹琴的风险。

　　上述案例中，A 企业代表准备充分，言之有据，似乎占据了谈判主动权，但这种优势被 B 企业代表"我不明白……"的"装糊涂"给彻底消除，使得 A 企业代表处于不利地位，双方的局势发生彻底改变，结果使得谈判以 A 企业代表要价被压到最低结束。

　　对于这类谈判对手，企业要有高度的警惕和清醒的头脑，灵活综合运用谈判策略。具体的做法可以参考下面这些方面。

　　①探测对方的情报和底细，使其露出真面目。

　　②学会运用谈判中的体态语言，如注意对方的眼神和表情的细微变化，揣测他们的真实意图。

　　③以"是非"提问方式征求意见，让其做出肯定或否定的回答，避免给出模棱两可的选择而让对方有空子可钻。

更多模板

采购谈判计划	公司采购谈判小组组建规范
磋商报价一览表	采购谈判初步评审表
采购谈判计划表	采购议价记录表
对手谈判意愿分析表	合同谈判记录表
谈判僵局分析表	谈判人员考核表
谈判议程纪要表	谈判桌局势分析表

第6章

扩大效益：采购成本有效控制

采购人员不仅要做好自己的岗位工作，还需要协助部门及公司做好采购成本的控制，因为任何企业都喜欢能为公司省钱的采购人员。这就要求采购人员掌握一定的采购成本控制方法，提升采购能力，帮助企业有效控制采购成本。

6.1 做好采购成本控制，提高效益

企业要做好采购成本控制，先要了解并避免走入采购成本的相关误区，同时对容易被忽视的采购成本细节重视起来，这样在切实进行采购成本控制时才能更合理、精准。

6.1.1 采购成本的认识误区

采购成本一般包括购买价款、相关税费、运输费、装卸费、保险费及其他与采购材料物资相关的物流费用（包括采购订单费用和采购计划制订人员的管理费用）等。对于一般纳税人而言，采购成本不包含进项税额；但对于小规模纳税人而言，进项税额包含在采购成本中。

由于采购人员长期受到不正确说法的影响，导致其在认识采购成本时存在一些误区。具体有如下三种。

（1）认为成本就是价格，采购价格越低越好

很多企业的采购人员在考虑采购成本的多少时，习惯性地认为采购价款就是采购成本，即采购价格越低，企业付出的采购成本也就越低。其实不然，采购价款只是采购成本中的一部分，虽然占大部分，但还有其他费用会影响采购成本的高低，比如相关税费、运输费、装卸费、保险费和其他采购人员发生的管理费用等。所以，"成本就是价格"的说法是不正确的。

另外，采购价格越低，越不能保证采购的材料物资的质量，对于采购企业来说究竟是利大于弊，还是弊大于利还无法判断，所以，"采购价格越低越好"的认识并不准确。

因此，要控制企业的采购成本，就要综合考量采购成本的各方面因素，达到采购成本合理化，而不能一味地追求采购成本最小化。

（2）采购成本管理就是谈判、压价

采购成本管理就是对采购成本进行控制的过程，它包含采购谈判和压

价这一内容，但不能理解为"采购成本管理就是谈判、压价"。

采购成本管理的主要内容包括：采购的价值分析、供应价格分析、整体采购成本控制和寻找降低采购成本的方法等，具体如图 6-1 所示。

● **价值分析**

　　对所购材料物资在降低成本或提高产品价值方面起到的作用进行检查。企业需要的不是材料物资本身，而是其功能。成本不变时，功能提高，价值就提高；成本下降，功能不变，价值也会提高。

● **供应价格分析**

　　作为采购方，采购人员不能一味地对供应商给出的供应价格进行压价，而要对供应价格进行深入分析，这样有利于进行采购成本管理。

● **整体采购成本控制**

　　整体采购成本又称战略采购成本，是除采购成本之外考虑到原材料或零部件在本企业产品的全部寿命周期过程中所发生的成本。也就是说，采购人员在进行采购成本管理时，不仅要考虑到眼前的采购成本，还要考虑到采购物料后可能会发生的其他属于采购成本的支出。

● **寻找降低采购成本的方法**

　　这是采购成本管理工作中最重要的部分，只有找到合适的降低采购成本的方法，才能真正为企业控制好采购成本，做好采购成本管理工作。

图 6-1　采购成本管理的主要内容

相对来说，谈判和压价只是降低采购成本的方法之一，相当于采购成本管理的"冰山一角"。

采购成本管理不仅要求采购人员能针对采购任务进行采购成本分析，还要熟悉价值分析理论，能够进行供应价格分析，从采购成本"整体"出发进行成本控制。

（3）供应商的价格不明朗，企业只能货比三家

当企业合作的供应商没有给出确切的供应价格时，很多采购人员就会

认为继续合作会导致采购成本无法控制,所以需要货比三家来选择合适的供应商。

而在实际采购业务中,如果与企业合作的是常用供应商,即使其没有给出确切的供应价格,采购企业也能根据以往的成交价格和供应价格的变化趋势来推断供应商可能给出的供应价格,此时采购人员就可根据推断出来的供应价格做好采购成本计划,在采购成本预算范围内的,最好选择常用供应商。因为开发新的供应商会耗费多余的资金,进而会增加采购成本。

6.1.2 易被忽视的采购成本

大多数采购人员甚至企业自身都将采购成本局限于采购价款,而忽略了其他一些属于采购成本的费用支出,比如集中采购机构的成本、采购人员付出的成本及供应商投标成本等。

（1）集中采购机构的成本

这主要是指从事政府采购活动所花费的资金与劳动付出,集中采购机构的资金来源有两个渠道:财政性拨款和集中采购机构自身收入。集中采购机构成本的内容具体见表6-1。

表6-1 集中采购机构成本的内容

成本费用	内　容
评委评标费用	以标的个数计费,不同的项目其每个标的费用不同。若企业请了外地评委,还要考虑差旅费、住宿费和招待费等
标书论证成本	当企业请了专家评论标书时,需要考虑聘请专家的费用、答疑成本和考察费用等
租用场地费用	有些地方的集中采购机构没有开标大厅或评标室,此时需要租用别人的场地开展采购招标或采购谈判活动,所以会涉及场地租用费
网站维护费用	有的企业采取网上招标的形式完成采购业务,此时会租用网络空间、进行域名注册和日常网站维护等工作,所以会涉及租用空间费用、域名注册费用、年度审核费用和相应的日常工作费用等

续上表

成本费用	内　容
信息发布费用	当企业要对外进行招标采购时，需要发布相关采购信息，此时会涉及信息发布费，主要是指在当地报纸、电台或电视台上发布诸如定点招标、协议供货招标信息或中标信息等
办公费用	主要有电话费、加班工资、福利费用和办公用品费用等

（2）采购人员付出成本

由于采购企业专业技术人员缺乏，所以必须花费一定时间与精力去查询相关信息，聘请专业人士参谋提供采购的初步方案，甚至还要与潜在供应商进行接触。

在不能确定供应商的具体情况时，采购人员还可能会组织相关人员外出考察，考察成本也是采购成本中的一项重要内容。

（3）供应商投标/合作成本

根据供应商投标/合作成本的性质可分为非固定成本与固定成本，其内容如图6-2所示。

- **非固定成本**

　　非固定成本主要指由于采购业务方式的不确定性、供应商考虑程度上的差异性及规范操作理解上的误差等原因，直接导致供应商需要承担的隐性供货成本。它体现在标书购买方式、采购市场环境、履约合作顺畅程度、付款方式和整个采购系统工作效率等方面。

- **固定成本**

　　固定成本是指供应商按照事先约定交纳的一定费用，如公证费、中标服务费、场地租用费和项目预决算费用。

图6-2　投标/合作成本的性质

如果采购企业忽视供应商为了采购活动而需要支付的成本，则很可能阻碍企业与供应商之间的合作。

6.2 降低采购成本的常规方法

企业在降低采购成本上,有一些经常采用的方法,这些方法需要采购人员了解并熟知。

6.2.1 经济订货批量控制总体成本

经济订货批量是通过平衡采购进货成本和保管仓储成本,实现总成本最低的最佳订货量。也就是说,确定了经济订货批量就可以相应地控制总体采购成本最低。

在运用经济订货批量控制采购总成本时,需要用到的计算公式如下。

$$经济订货批量（EOQ）= \sqrt{2 \times C \times D \div Kc}$$

$$总成本（TC）= \sqrt{2 \times C \times D \times Kc} \text{ 或 } K \times (D \div Q) + Kc \times (Q \div 2)$$

在上述计算公式中,C 表示每批订货成本;D 表示企业全年的物资需求量;Kc 表示每件物资的年储存成本,注意这里将原本经济订货批量汇总的年储存成本看成是所购物资在入库前发生的仓储成本;Q 表示确定出来的经济订货批量,即 EOQ。

运用这种方法时,只是单纯地考虑采购物资的订货成本和仓储成本,没有考虑所购物资本身的价格。实际上,在所购物资的价格一定时,只要确定出了订货成本和仓储成本的最小值,就能很好地控制采购成本。

下面通过一个简单的案例看看如何利用经济订货批量来控制采购成本。

应用示例 利用经济订货批量控制采购成本

已知某公司某生产原材料的全年需求量为 20 000 件,每次订货成本为 1 000.00 元,每件原材料的年储存成本为 50.00 元,确定该原材料一年的经济订货批量,同时算出相应的总成本。

$$经济订货批量 = \sqrt{2 \times 1\,000.00 \times 20\,000 \div 50.00} \approx 894（件）$$

$$总成本 = \sqrt{2 \times 1\,000.00 \times 20\,000 \times 50.00} \approx 44\,721.36（元）$$

也就是说，当该公司针对该原材料每次订货量为894件时，总成本最小为44 721.36元。如果每件物资的单价为28.00元，则：

年采购成本 = 28.00 × 20 000 + 44 721.36 = 604 721.36（元）

而实务中有些供应商会采取陆续供货的方式，此时经济订货批量的计算公式就会发生变化，具体如下。

$$经济订货批量（EOQ）= \sqrt{2 \times K \times D \div Kc \times [p \div (p-d)]}$$

$$总成本（TC）= \sqrt{2 \times K \times D \times Kc \times [(p-d) \div p]}$$

上述公式中，p 表示供货商每日送货量；d 表示企业存货每日耗用量。以上述案例为例，假设该公司供应商每日送货量为150件，每日耗用量为100件，则：

$$经济订货批量 = \sqrt{2 \times 1\,000.00 \times 20\,000 \div 50.00 \times [150 \div (150-100)]} \approx 1\,549（件）$$

$$总成本 = \sqrt{2 \times 1\,000.00 \times 20\,000 \times 50.00 \times [(150-100) \div 150]} \approx 25\,819.89（元）$$

以这种方法来控制采购成本，实际上就是通过控制每次采购量来实现，但如果企业对生产所需物资有季节性特点，此方法将不适用。

6.2.2 定量采购法有效减少采购物资的浪费

定量采购法也叫定量采购控制法，指当库存量下降到预定的最低库存数量（即采购点）时，按照规定数量（一般以经济订货批量EOQ为准）进行采购补充的一种采购成本控制方式。

实际工作中，当企业的库存量下降到再订货点（即最低库存数量）时，按照图6-3所示的流程进行采购。

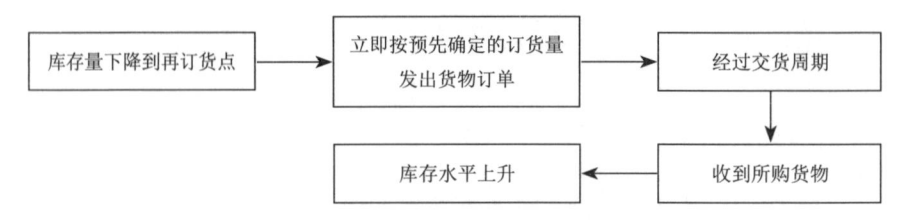

图 6-3　定量采购法的采购流程

很显然，这种控制方采购成本的方法需要与经济订货批量结合使用。

由此可见，这种方法的使用，既可以保证企业生产所需不易断货，也能掌握好采购频率，保证较低的采购成本。该方法在使用时会涉及如下计算公式。

$$再订货点（R）=L×d$$

在上述公式中，L 表示平均交货期，也叫平均交货时间；d 表示每日平均需用量。

下面通过一个简单的案例来看看如何利用再订货点控制采购成本。

应用示例　通过确定再订货点来控制采购成本

某公司全年需用甲材料40 000件，计划开工360天，已知该材料订货日至到货日的平均交货期为7天，求该材料的再订货点。

$$再订货点=7×（40\ 000÷360）≈778（件）$$

也就是说，当该公司的甲材料只剩下778件时，就需要立即对外发出采购订单，采购甲材料。

这种再订货点的确定，其特点是企业预计所采购货物到货的当天，库存货物刚好用完。但实务中为了防止采购业务出现延迟交货而带来的生产物料断货的情况，通常会在此基础上加上一个保险储备量，公式如下。

$$再订货点（R'）=L×d+B$$

上述公式中的 B 就表示保险储备量。在案例基础上，考虑保险储备量时，假设该公司甲材料的保险储备量为400件，则再订货点（R'）=778+400=1 178（件），就不是778件了。

需要明确的是，再订货点是指导企业发出采购订单的时间，不是具体的采购数量，即企业的物资库存数量减少到再订货点时就需要准备采购了。而具体采购多少，此时就需要借助经济订货批量，以此来控制采购成本。再订货点控制采购成本的思路，实际上是减少货物在本企业的储存成本和缺货成本，是变相地降低采购成本。

6.2.3 定期采购法减少运输和盘点费用

定期采购法指企业按预先确定的订货间隔期间进行采购、补充库存的一种方式，从时间上控制采购周期，从而控制货物库存量。

在该采购方式下，由于订货间隔期确定，因此多种货物可同时进行采购，不仅可以降低订单处理成本、降低运输成本，还可以因为减少了清查盘点次数而节省相关费用。

但要注意，要想使定期采购法的运用能有效防止企业缺货带来的采购成本增加，就必须在确定订货间隔期间时准确预估一个采购周期内的大致需用量，否则定期采购法不但不能防止缺货，反而可能导致缺货，进而增加采购成本。

定期采购法的运用关键，在于准确预判各采购周期内的存货需用量。为什么呢？因为采用定期采购法时企业只在特定的时间进行库存盘点，比如每周一次或每月一次，此时如果对一个采购周期内的存货需要量预估不准，就可能导致缺货，进而发生缺货成本，相应地提高采购成本。

定期采购法下，不同时期的订购量不同，而订购量的多少主要取决于各个采购周期的存货使用率，它一般比定量采购要求更高的安全库存，以此保证在存货盘点期和提前期内不发生缺货。这里没有特定的安全库存计算公式，各个企业需根据自身对存货的使用率及对盘点期和提前期的预估，来确定具体的安全库存，从而对定期采购的采购周期进行确定。

6.3 降低采购成本的其他技巧

企业除了从"定量"的角度控制采购量来降低采购成本外，还可以从日常经营管理活动中采用一些"定性"的方法来达到降低采购成本的目的。

6.3.1 产品设计之初优化选材

作为采购人员，你是否也认为成本控制是采购部门和生产部门的事，与产品设计没有多大关系？也从来没有想过可以从产品设计的角度去降低采购成本？如果是这样，那么你的思维就不够灵活了。

在激烈的市场竞争中，良好的产品设计可以降低产品本身的成本，进而就会使企业在确定采购价格时有了降低价格的可能，从而降低采购成本。由此可见，产品设计时对所需材料的考量，也可以控制采购成本。

虽然产品设计时的成本控制不只是关于选材，还有其他方面，但选材对采购成本的影响尤为突出。那么，在产品设计时，怎么做可以优化选材，从而为降低采购成本提供可能呢？我们可以从如下方面入手。

（1）编制设计要求列表并分析

在设计产品时，相关责任人可以这么做，如图 6-4 所示。

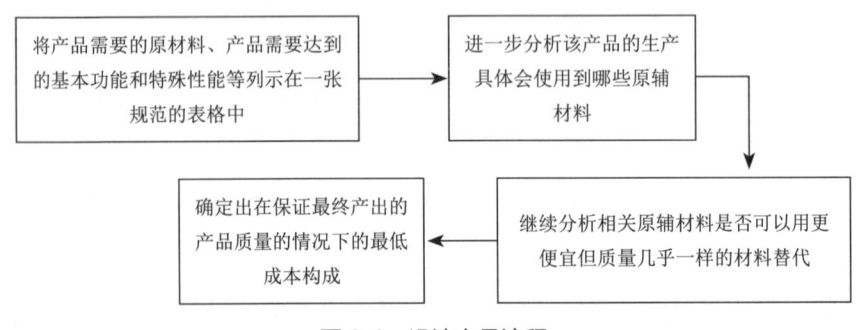

图 6-4 设计产品流程

（2）考虑所选材料的使用是否会引起其他成本增加

如果设计产品时选用的材料比较特殊，不易于采购、存储或装运，就会相应增加企业的采购成本。

而且，企业如果一味地追求价格低廉的替代品而忽视了材料的这些存储、装运和装配问题，不仅可能无法为企业降低采购成本，反而会使采购成本增加。所以，选材时还需要考虑用材引起的其他成本增加的可能。

（3）制定合理的工艺方案适当降低材料需求

在产品设计时，对于工艺方案的制定和选择也能够降低材料需求。不同的生产工艺对应所需的材料不同，就会影响材料的采购价格，进一步影响采购成本。那么，如何保证制订出的工艺方案是合理的呢？

①做好工艺评审，尽可能地激发技术潜力。

②规范工艺手段，在新增工艺设备不会明显增加企业经营成本的基础上，积极更新先进的工艺装备。

③建立联网的数据采集和分析系统，使得产品设计的相关人员在将产品的相关数据录入系统后，就能快速生成有关产品成本预测的信息。

这些是在产品设计之初可以对选材产生影响的大致因素，从这些因素出发也可以为企业降低采购成本提供契机。

6.3.2 加强成本核算

成本核算是指将企业在生产经营过程中发生的各种耗费按照一定的对象进行分配和归集，以计算总成本和单位成本。成本核算一般以会计核算为基础，以货币为计量单位。

成本核算的准确与否，直接关系着各材料的收、发、结存情况是否准确，其中，"收"就关系着材料采购成本的核算。

采购成本也可以称为采购物资的入账价值，只有准确核算，才能避免将不需要计入采购成本的费用支出确认为采购成本的一部分。在确认物资的采购成本时，有下列一些情况需要特别注意，见表6-2。

表 6-2 确认物资的采购成本时需要注意的情况

条目	需要注意的情况
1	收到增值税专用发票的，发票上注明的增值税税额（进项）不计入采购物资的成本中。但是，收到增值税普通发票的，发生的增值税税额（进项）就需要计入采购物资的成本中
2	所购物资发生的入库后的仓储费不计入物资的采购成本
3	收到销售额与折扣额记载同一张增值税发票上的发票，折扣额不计入所购物资的采购成本
4	为运输所购物资垫付的运输费，不计入物资的采购成本

除了从采购成本的核算范围来加强成本核算外，我们还需要特别注意采购成本的核算时间，即采购成本的入账时间。

采购成本的入账时间不同，在会计处理上就会影响当期和以后会计期间的入账成本数据，进而影响当期和以后会计期间的产品成本、经营利润等。

而且，成本核算不仅仅是数据的计算、账务的处理，它还涉及生产经营过程中各种耗费的分配与归集问题。比如，某企业采购一批物资，这批物资包含了各种原材料，但因为是向同一家供应商采购，合同中约定了总价款，却没有说明各种原材料分别是多少钱，此时，就需要在总价款中对这些原材料按照科学的方法进行分配、归集，这也是成本核算的内容。

很显然，如果各种原材料应分配的采购成本核算不正确，就会影响后期产品成本的核算。

由此可见，如果对这些注意事项不清楚，对采购成本的核算不规范，就很可能无形之中增加企业的采购成本。

为了保证企业准确核算采购成本，甚至其他成本，我们在核算时需要遵循表 6-3 中的一些原则。

表 6-3 核算成本应遵循的原则

原则	说明
合法性	计入采购成本的各项费用开支都必须符合法律、制度等规定，采购过程中不合规的费用不计入采购成本

续上表

原　则	说　明
可靠性	它包括真实性和可核实性两方面。在真实性方面，要求采购成本信息与客观的经济事项相一致，不应掺假或人为提高、降低采购成本；在可核实性方面，要求采购成本的核算按一定的原则，由不同的会计人员加以核算后能得到相同的结果
相关性	它包括成本信息的有用性和及时性。在实用性方面，采购成本的核算要为企业管理当局提供有用的信息，为成本管理、预测和决策服务；在及时性方面，要求采购成本的信息取得要及时
分期核算	采购成本核算时的分期，必须与会计年度的分月、分季、分年相一致，这样便于利润的计算
权责发生制	应由本期采购成本负担的费用，不论是否已经支付，都要计入本期采购成本；不应由本期采购成本负担的费用（即已计入以前各期的采购成本，或应由以后各期采购成本负担的费用），虽然在本期支付，也不应计入本期采购成本
实际成本计价	实际的采购成本按实际采购数量的实际单位成本计算。如果原材料按照计划成本法核算，则需要加、减材料成本差异，以调整到实际成本
一致性	采购成本核算所使用的方法应前后各期保持一致，以使各期的成本资料有统一的口径，相互可比
重要性	对于采购成本有重大影响的项目，应作为重点对象处理

6.3.3　直接有效的压价技巧

作为采购人员，你确实想为公司节省采购支出，但是你真的会"砍价"吗？你有没有遇到过向供应商"砍价"后，供应商直接拒绝了与公司的合作的情况？如果有，那么说明你没有掌握压价技巧。

由此看来，企业的采购人员很有必要掌握切实有效的压价技巧，既达到低价采购的目的，也不至于让供应商感觉采购方在过分压缩利润空间，使得供应商无利可图。

（1）创造竞争条件给供应商危机感

采购人员如何人为地给供应商创造竞争危机感呢？可以参考如下方法。

①向目标供应商透露采购方还了解到有其他同类产品低价出售的供应商。

②向供应商说明所采购物资有相应的充足的替代品。

无论是上述两种方法中的哪一种,都是在给供应商创造竞争环境,向供应商传达一种"并不是非你家产品不可"的信息,给供应商营造紧迫感和危机感,促使其能够按照采购企业提出的采购价格提供货物。

(2) 压价要有弹性策略

压价的弹性策略主要体现为不漫天还价、不轻易还价、不在一开始就还出最低价。如同弹簧,突然一下将其压到最低处,很可能使弹簧变形,从而失去转圜余地。压价也一样,要循序渐进,给双方议价留出适当的空间。

(3) 开出的条件要高于预算

采购方向供应商首次开出的价格应低于采购预算,这样才能保证双方经过协商后的采购价格不会高于采购预算,或者不会明显高于采购预算。

(4) 尽可能让供应商开口还价

在与供应商议价的过程中,比如供应商给出价格50.00元,我们还价46.00元,尽可能地以低于供应商预期的价格还价,这样可以迫使供应商再次还价,此时可能还价49.00元、48.00元,甚至47.00元,然后采购方再以请示了领导后最高价格为高于46.00元的其他价格为由进行还价,供应商为了抓住客户,同时也看到供应商开出的价格比刚还价的46.00元高,就很可能同意采购方提出的价格。

6.3.4　如何控制电商的采购成本

电商采购与传统的采购方式不同,因此控制采购成本的方法也会与传统的有所不同。那么,究竟该如何控制电商采购成本呢?

(1) 发展长期稳定合作的供应商

为什么发展长期稳定合作的供应商就可以控制好采购成本呢?我们从如下几个方面来看。

①节约时间成本。如果商家能与某个或者某些供应商发展成长期、稳定的合作关系，则后期经营过程中，就不需要再花大量时间去寻找新的供应商，从而节约采购时间，控制采购成本。

②节约运营成本。商家与供应商发展长期、稳定的合作关系，能够减少采购计划的制订工作，节约人力、物力和财力，且双方能够凭借前期的合作达成一定的默契，从而减少采购过程中不必要的消耗，降低采购成本。

③防止发生缺货现象。如果商家与供应商有长期、稳定的合作关系，根据以往的合作情况，商家可以了解供应商的供货能力水平，供应商也了解商家的产品需求水平。这样，供应商就可以事先为商家准备好货源，而商家也可以在合适的时间向供应商请求出货。在采购环节，商家就能尽可能避免货源不足甚至断货、缺货的风险。

（2）提高存货周转率

提高企业的存货周转率，就可以减少企业的储存成本。而储存成本实际上属于企业采购成本中的一项隐性成本，储存成本的减少就能相应地减少采购成本。

（3）以利润目标为导向控制采购成本

以利润目标为导向控制采购成本，其思路如下：首先，商家设定好自己的收入与利润水平；其次，根据销售价格预测销量；再次，根据预测销量和实际库存量预测采购数量；最后，根据预测的采购数量、期末应留存的产品数量及已知的采购单价，确定采购成本。

更多模板

采购成本比较表	采购成本汇总表
采购成本控制办法	采购付款通知单
采购物资价格申报表	采购支出登记台账
成本差异汇总表	一般采购付款申请表

第7章

流程管控：采购签单与后续跟进

当企业采购人员通过一定的采购方式与供应商完成了采购协商，双方达成共识后，就可正式签订采购合同，确定双方的供需合作关系。在签订采购合同的环节，有很多工作需要采购人员完成，包括合同的制定与管理。此外，采购人员还需要做好后续跟进工作，如货款结算和物料验收工作。

7.1 签订订单，跟踪进度

采购人员除了要与供应商签订正式的购销合同，还要实时跟进订单的执行进度，比如签单后的跟踪反馈、物料的交货控制等。

7.1.1 待请购确认后准备订单

注意，采购订单的条款主要依据采购合同制定。那么，什么是请购呢？

请购，从字面意思理解，就是申请采购。实务中，请购是指企业的生产部门及有其他物资采购需求的部门根据生产或办公需要确定采购项目，然后按照规定的格式填写请购单，最后递交到公司的采购部，以备完成所需物资的采购。

企业采购部门收到生产部门和其他职能部门的请购单后，就要开始着手准备与供应商签订采购合同与订单。

由于采购订单的条款通常依据采购合同制定，因此我们先来看看采购合同的内容条款主要包括哪些，如图 7-1 所示。

- 供应商和采购企业的全名及法人代表名称。
- 合同双方的通信联系电话、电报和电传等。
- 采购货品的名称、型号、规格及采购的数量。
- 采购货品的价格、交货期、交付方式和交货地点。
- 采购交易的质量要求和验收方法，以及不合格品的处理。
- 有的采购项目还会涉及质量协议，一般会在采购合同中写明"见质量协议"。
- 采购双方的违约责任等。

图 7-1 采购合同的主要条款

那么采购订单又该如何拟定呢？通常来说，采购订单格式需要具备的要素包括头部、正文和尾部，每个部分的内容见表 7-1。

表 7-1　采购订单各部分包含的内容

订单结构	内　容
头　部	包括订单名称、订单编号、采供双方的企业名称、签订订单的地点和签订时间等
正　文	包括物料名称与规格，物料的数量条款、质量条款、包装条款和价格条款，运输方式，支付方式，交料地点，检验条款，保险条款，违约责任条款，仲裁条款及不可抗力条款等
尾　部	包括订单份数和具体的生效日期、签订人的签名和采供双方公司的公章

下面来看一个采购订单的样式，见表 7-2。

范本展示　采购订单

表 7-2　采购订单

需方（甲方）：　　　　　　　　供方（乙方）：

地址：　　　　　　　　　　　　地址：

订单编号：　　　　　　　　　　日期：　　年　　月　　日

序号	产品名称	规格型号	数量/件	含税单价/元	金额/元	交期	备注
合计							

说明：

一、产品名称、数量、价格、交期等具体信息参见上述表格。甲方须在收到乙方发出的采购订单后 2 日内回复，如有异议，甲方须在 24 小时内书面通知乙方进行确认。若甲方未在约定的时限内回复确认，视为甲方默认此采购订单。

二、交货地点：甲方所在地或甲方指定地点（需发货前 7 日内书面通知乙方）。

三、交付方式及费用承担：甲乙双方约定由____方安排运输，运输费用由____方承担。

四、产品所有权及风险转移：自乙方将产品交付至甲方所在地／甲方指定地点／第三方承运人时，产品的所有权及风险转移至甲方。

五、结算周期及方式。

1. 甲乙双方约定，以每月____日为对账结算日。待对账确认无误并签字盖章后，乙方为甲方开具等额有效的增值税专用发票。

2. 月结____日。

3. 甲方需按照双方的约定时限以银行转账、票据等方式向乙方支付相应的货款。

4. 乙方指定的银行账户信息如下。

账户名称：　　　　　　　开户银行：

银行账号：

六、质量标准。

1. 乙方保证所供产品符合国家标准或行业相关标准。

2. 质保期：1年。

七、技术标准：按甲乙双方确认的规格书或样品或其他确认文件标准执行。

八、包装要求：乙方按照产品的特性及乙方管理要求进行产品的包装，若甲方有特殊要求的，甲方应提前30日书面通知乙方。

九、验收标准及期限：自甲方接收到产品当日，甲方应按照甲乙双方约定的技术标准进行初步验收，检查货物的数量、外包装与订单是否相符。如有不符，甲方有权选择拒收并在24小时内通知乙方取回。

十、违约责任：如因甲乙双方任何乙方原因，致使本采购订单约定事项不能履行的（不可抗力除外），守约方有权终止本采购订单，同时，守约方有权要求违约方赔偿由此造成的全部损失。

十一、争议解决：甲乙双方在履行本采购订单约定事项时发生争议，甲乙双方首先应友好协商解决，协商不成或不能协商时，任何一方均有权向乙方所在地人民法院提起诉讼。

十二、其他事项。

1. 本采购订单一式两份，经甲乙双方签字盖章后生效，甲乙双方各执一份，具有同等法律效力。若甲乙双方通过传真、电子邮件或其他方式进行回传而形成的影印件，甲乙双方均收悉并同意此影印件与原件具有同等法律效力。

2. 本采购订单签署后，甲乙双方不得擅自更改或取消，如甲乙双方任何一方需要变更相关事项的，须提前30日书面通知另一方并征得同意后，方可执行。

3. 甲乙双方业务联系人、联系方式等信息见表7-3。

表7-3 甲乙双方业务联系人信息表

甲方业务联系人		乙方业务联系人	
姓　　名		姓　　名	
部　　门		部　　门	
职　　务		职　　务	
联系电话		联系电话	
工作邮箱		工作邮箱	
其他通信方式		其他通信方式	
工作地址		工作地址	
签名样式（手签）		签名样式（手签）	

甲方（盖章）：　　　　　　　　乙方（盖章）：
法定代表人或授权代理人（签字）：　法定代表人或授权代理人（签字）：
日期：　年　月　日　　　　　　日期：　年　月　日

7.1.2　订单签订前后要做好跟踪反馈

订单签订后要做好跟踪反馈我们通常能理解，但为什么订单签订前也要进行跟踪反馈呢？我们究竟该跟踪反馈些什么？下面分别介绍订单签订前后需要跟踪反馈的事项，如图7-2所示。

● 订单签订前的跟踪反馈

　　采购企业在订单签订前，要做好的跟踪反馈主要是供应商对签订订单的积极性。如果发现供应商在与采购企业签订订单的事情上表现不积极，就要及时调查原因，以消除供应商的顾虑，尽快促成订单的签订。

● 订单签订后的跟踪反馈

　　订单签订后，需要跟踪并做出反馈的事项主要有如下一些方面。
　　1. 看供应商对于订单是否有发货前的要求。比如货款的支付方式是先付款后发货，还是货到付款；是立即发货还是需要过两天发货等。
　　2. 看采购订单的在途情况。如是刚发货还是已经发货，货物目前所在位置在哪里，是否有延期到货的可能等。
　　3. 看货物运输是否异常。如货物的运输速度是否异常缓慢，货物运输途中是否出了问题。
　　4. 看货物运输出现异常或问题时供应商是否积极配合解决。
　　5. 货物运抵企业后验收情况如何。如货物质量是否符合订单要求，数量是否与订单数量一致。

图 7-2　订单签订前后的跟踪反馈

　　如果企业所需采购的物资都比较重要，那么采购订单的跟踪反馈工作更不能马虎。此时，为了使相关责任人严格执行订单跟踪反馈流程，企业可以制定采购订单跟踪工作规范，也可以制定采购订单跟踪流程细则。

　　下面来看看某企业制定的采购订单跟踪流程细则。

范本展示　采购订单跟踪流程细则

一、目的

　　为了进一步优化订单管理全流程，监控物资供应的全流程，提高到货及时率，明确订单管理作业的具体内容，提高工作效率，制定本操作细则。

二、适用范围

　　本操作细则针对框架及集中采购合同的订单跟踪全流程中各项操作规范进行说明，为建立订单跟踪管理的三级联动体系提供基础保障。

三、细则内容

（一）订单下达

　　每日下午 4:00 物资部总经理在物资系统中对采购订单进行审核（可以

在采购订单下达界面查看），当采购订单完成审核后：

1. 对于使用订单管理平台的供应商，计划人员在采购订单下达界面点击"发送供应商"按钮后，订单自动下达成功。

2. 对于未使用订单管理平台的供应商，计划人员将订单生成PDF格式文件，通过订单专用邮箱（××）在当天下班前发送至供应商邮箱。

（二）订单跟踪

1. 订单接受。

订单接受指的是供应商回复所收到的订单是否可以按照要求到货日期供货。

（1）每日下午1:00，计划人员查看订单专用邮箱（××）内的供应商订单接受反馈邮件，并在采购订单下达界面点击"接受"按钮。

（2）计划人员查看采购订单下达界面，查找状态为"待接收"的订单，邮件及电话要求供应商当天完成操作，并记录在案。

供应商应回复是否接受订单，若供应商无法按企业要求接受订单，则可采取以下方式。

（1）征询另一家供应商可否按订单要求供货。

（2）如遇协调无法解决的情况，需上报领导。

2. 供货提醒。

到货反馈指供应商回复是否可在要求到货日期前或当天送货。

（1）每日上午10:00，计划人员查看订单专用邮箱（××）内的供应商订单到货反馈邮件，并在采购订单下达界面点击"反馈"按钮。

（2）计划人员查看采购订单下达界面，查找状态为"已接受"的订单，邮件及电话要求供应商当天完成操作，并记录在案。

供应商应回复可按订单要求供货，若供应商无法按企业要求供货，则可采取以下方式。

（1）如有两家可供选择的供应商，则征询另一家供应商可否按订单要求供货。

（2）可与需求部门沟通，是否可以按供应商回复延期供货。

（3）如遇协调无法解决的情况，需上报领导。

（三）到货跟踪（仅限项目直运单）

1. 直运单。

直运单采用扫描件跟踪方式，扫描件跟踪是指在订单要求到货日期后5个工作日内，需供应商提供已签收订单的扫描件，要求清晰且有签收人名和日期。

（1）每日上午10:00，计划人员查看订单专用邮箱（××）内的供应商订单扫描件反馈邮件，并在采购订单下达界面点击"已发货确认"按钮，并根据提供扫描件信息在物资系统采购中进行登记，包括登记签收人员、实际到货日期及上传扫描件电子版。

（2）计划人员查看采购订单下达界面，查找状态为"已反馈"且要求到货日期为5个工作日前的订单，邮件及电话要求供应商一个工作日内完成操作，并记录在案。

若供应商答复未送货，则可采取以下方式。

（1）如有两家可供选择的供应商，则征询另一家供应商可否按订单要求供货。

（2）可与需求部门沟通，是否可以按供应商回复延期供货。

（3）如遇协调无法解决的情况，需上报领导。

2. 续货单（××单据）。

每日上午10:00，计划人员查看要求到货日期为上一日的续货单是否记账，并分情况处理。

（1）如未记账，需与物资部仓库沟通是否到货。

（2）如未到货，需与供应商沟通，可采取以下方式。

①如有两家可供选择的供应商，则征询另一家供应商可否按订单要求供货。

②可与需求部门沟通，是否可以按供应商回复延期供货。

③如遇协调无法解决的情况，需上报领导。

（四）订单撤销

1. 由计划人员邮件提出订单撤销申请（写明订单号、供应商、项目信息、物料信息、撤销原因）并在物资系统内提交"订单作废申请"。

2. 经计划主管同意后发送计划由经理审核，经计划经理同意后，计划人员邮件发送物资部总经理。

3. 经总经理同意后，由相关人员进行物资系统内订单作废处理。

（五）订单管理

1. 日报。

每日下午4:00，由计划人员将当日订单接受、反馈及扫描件跟踪的情况，以及资产管理条线当日供应商单据递交情况汇总形成日报，邮件发至部门领导及相关人员。

2. 周报。

每周一，由计划人员将要求到货日期为上周的订单延迟情况、延迟比例汇总，形成周报。

3. 月报。

每月15日前，由计划人员将要求到货日期为上一月的订单延迟、结算暂停等情况汇总形成月报。

7.1.3　对所购物料进行交货控制

实际上，我们从上一个范本中也能看到关于交货控制的一些内容，比如供货提醒、到货跟踪等。交货控制就是对与交货相关的事宜进行控制，如交货方式、交货允许期限、验收入库管理和损害赔偿。

实际工作中，交货控制包括但不限于如下所示的这些工作内容。

（1）明确交货方式

采购企业与供应商要在采购订单或采购合同中明确交货方式，是一次性全部交货，还是分批次交货，以防后期供应商因个人原因无法交货而拖延交货时间。

（2）明确交货时间和交货日期

采供双方要在采购订单或采购合同中明确交货时间和交货期限。交货时间用来规定具体的交货时点，而交货期限通常用来约束供应商的延迟交货行为，以交货期限为最迟交货时间，比如交货期限为一个月，意思就是供应商最迟要在一个月内交货。

（3）要进行货物验收入库管理

对采购企业来说，接收到供应商所供货物后，事情还没有结束，为了保障采购方利益，需要对从供应商处接收到的货物进行质量检验，符合订单或合同要求的质量时才能做入库处理，否则一旦入库后才发现问题，供应商可能不认账，从而双方会产生纠纷，采购方也很容易遭受损失。

（4）要事先确定损害赔偿条款

这是对将来可能发生的损失所做的预防性措施，类似于"丑话说在前面"，也是对供应商的一种供货警醒，督促供应商按质、按量、按时供货。事先将损害赔偿条款进行明确，可在损害发生时迅速进入索赔程序，减少纠纷，提高交货效率。

（5）关于发票的收取

采购方从供应商处购货，供应商应按规定向采购方开具增值税发票，一般纳税人开具增值税专用发票，小规模纳税人可以开具增值税专用发票或增值税普通发票。这样，采购企业才能根据增值税发票进行增值税抵扣，否则增值税不能抵扣就会增加采购成本。

（6）对于供应商延迟交货的处理

如果供应商延迟交货，采购企业需按照采购订单或采购合同的约定进行处理，不能轻易做出让步，否则可能使供应商在后续的合作中丧失按时供货的意识，这对采购企业是不利的。

7.1.4 建立明确的物料验收管理规定

企业完成采购并收到供应商发来的物料后，需要开展严格的验收工作，以确保所购物料的质量符合采购合同或订单的要求。而为了规范企业的验收活动及行为，我们有必要制定科学、合理的物料验收管理制度或规定。

那么，采购合同中的验收方式可以有哪些选择呢？如图 7-3 所示。

驻场验收

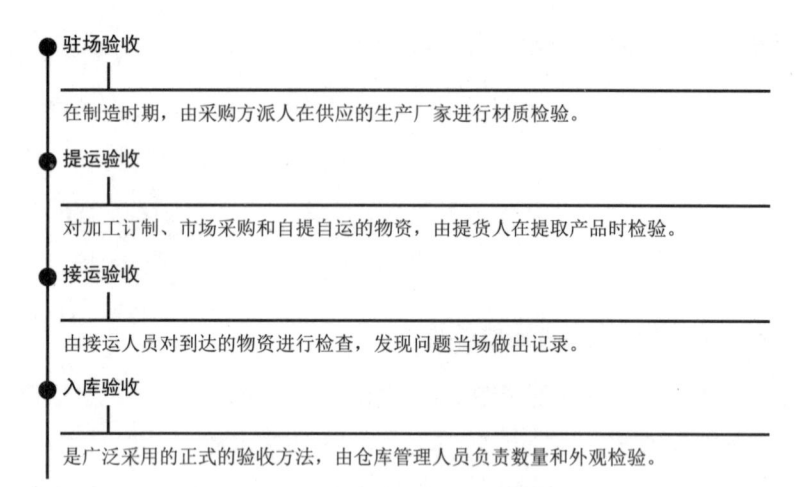

在制造时期，由采购方派人在供应的生产厂家进行材质检验。

提运验收

对加工订制、市场采购和自提自运的物资，由提货人在提取产品时检验。

接运验收

由接运人员对到达的物资进行检查，发现问题当场做出记录。

入库验收

是广泛采用的正式的验收方法，由仓库管理人员负责数量和外观检验。

图 7-3　采购订单中验收方式的种类

下面来看一个公司制定的物料验收入库管理制度。

范本展示　**物料验收入库管理制度**

一、目的：建立原辅料、包装材料验收入库的管理制度。

二、范围：适用于本厂所有原辅料、包装材料的入库验收。

三、责任：生产供应部部长。

四、物料入库前的清洁工作。

仓库管理员先用吸尘器吸去外包装上的污物，再用清洁抹布擦干净，如有油脂类污物，则应用清洁剂擦洗干净。清洁后，将物料放在清洁的垫仓板上。

五、物料验收。

（一）仓库管理员应根据采购合同、进货发票或送货单，对品名、规格、批号、数量、供应商名称逐项核对、清点，并对包装容器的完整性进行检查，容器应密闭、完整、无破损、无污染。如有铅封轧印，必须清楚，且无启动迹象。

（二）发现有项目与规定不符，应立即与质量监督员和采购员联系，确定拟采取措施后，决定是否可以入库。

六、复称：对决定入库的物料应根据装箱单，对其毛重进行复称，做好称量记录。

七、物料编码。

（一）仓库管理员按物料编码规程对物料进行编码。在空白不干胶带上打印物料编码、品名，贴在物料外包装上。

（二）将该物料编码、品名、规格、批号、数量、供应商名称、接受日期等登记入册。

八、待验。

（一）对小批量物料，每个包装外需贴上"待验"标签。当垫仓板上的物料超过一层时，必须在最上层左上角的容器外贴上"待验"标签。

（二）物料应整齐地堆放在垫仓板上，转入库内待验区。

（三）包装材料由于体积大，可放在货架上或直接堆高放在包装材料敞开区或仓库其他部位，用黄色绳子圈开待验。

（四）仓库管理员填写物料请验单，交质量监督员。

九、取样：质量监督员按取样规程对物料进行取样。

十、检验后物料的处理。

（一）仓库管理员根据质量监督员通知，将已合格物料的黄色"待验"标签换上绿色"合格"标签，或将原黄色绳圈换上绿色绳圈。换下的标签应立即撕毁。

（二）化验不合格的物料，应及时将黄色"待验"标签换上红色"不合格"标签，或将原黄色绳圈换为红色绳圈，按"不合格物料管理规程"进行处置。换下的标签应立即撕毁。

（三）物料标志更换完毕后，仓库管理员必须进行账、卡登记。

××有限责任公司
××年×月×日

7.2 采购签约，达成供需合作关系

采购订单可能还不是很正式，要体现供需双方的正式合作关系，还需要签订正式的采购合同。采购合同的签订也是不容小觑的重要工作，一旦手续或合同内容出错，将遭受严重的经济损失。

7.2.1 合同签订需要完成哪些步骤

签订采购合同的程序根据不同的采购方式而有所不同，这里主要介绍

签订采购合同的一般步骤。普遍运用的采购合同的签订要经过要约和承诺这两个阶段。

（1）要约

该阶段中，采购企业或供应商向对方提出订立合同的建议（提出建议的一方称为要约人）。要约是订立采购合同的第一步，应具有如下一些特征。

①要约是要约人单方的意思表示，可向特定的对象发出，也可向非特定的对象发出。当向某一特定对象发出要约时，要约人在要约期限内不得再向第三人提出同样的要约，不得与第三人订立同样的采购合同。

②要约内容必须明确、真实且具体，不能含糊其词，模棱两可。

③要约是要约人向对方做出的允诺，因此，要约人要对要约承担责任，并且受要约的约束。如果对方在要约方规定的期限内做出承诺，要约人就有接受承诺并与对方订立采购合同的义务。

④要约人可在得到对方表示接受要约前撤回自己的要约，但撤回要约的通知必须不迟于要约到达时间。对已撤回的要约或超过承诺期限的要约，要约人不再承担法律责任。

在要约阶段发生的与签订采购合同有关的步骤如图7-4所示。

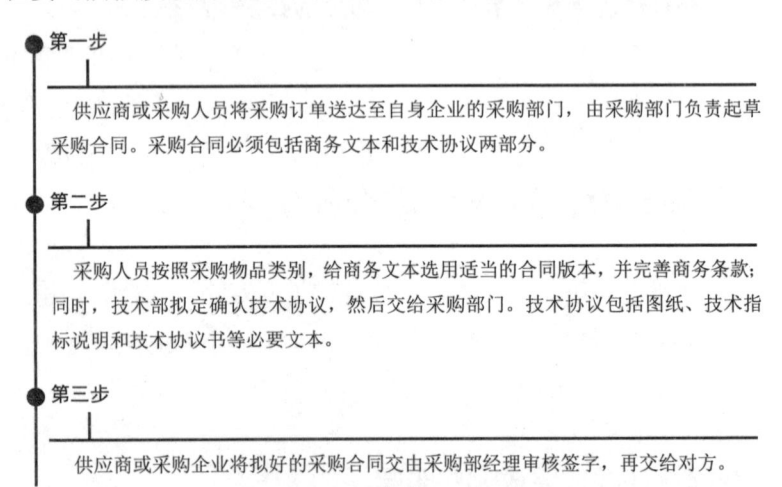

● 第一步
　　供应商或采购人员将采购订单送达至自身企业的采购部门，由采购部门负责起草采购合同。采购合同必须包括商务文本和技术协议两部分。

● 第二步
　　采购人员按照采购物品类别，给商务文本选用适当的合同版本，并完善商务条款；同时，技术部拟定确认技术协议，然后交给采购部门。技术协议包括图纸、技术指标说明和技术协议书等必要文本。

● 第三步
　　供应商或采购企业将拟好的采购合同交由采购部经理审核签字，再交给对方。

图7-4　采购时要约的大致步骤

（2）承诺

承诺表示采购企业或供应商完全接受要约人的订约建议，同意订立采购合同的意思。接受要约的一方称为承诺人，承诺是订立采购合同的第二大步骤，具有以下特征。

①承诺由接受要约的一方向要约人做出。

②承诺必须是完全接受要约人的要约条款，不能附带任何其他条件，即承诺内容要与要约内容完全一致，这时的协议才算成立。如果对要约提出代表性意见或附加条款，则表示拒绝原要约，提出新要约，这时要约人与承诺人之间的位置就发生了交换。实际签订采购合同过程中，很难做到一次性完全接受要约。

该阶段发生的与签订采购合同有关的步骤如图 7-5 所示。

第一步

供应商或采购人员将收到的对方递交的采购合同交由本企业的行政部加盖合同专用章。

第二步

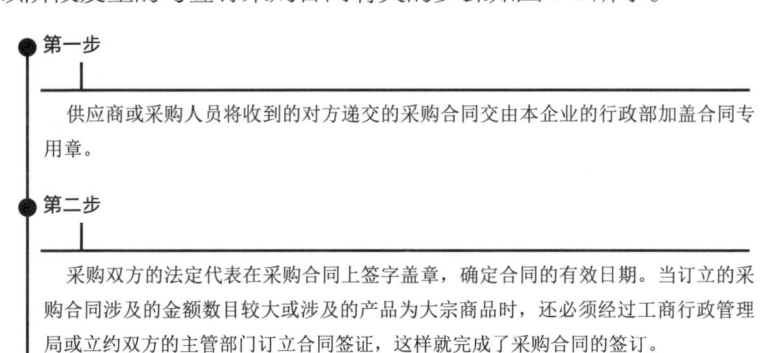

采购双方的法定代表在采购合同上签字盖章，确定合同的有效日期。当订立的采购合同涉及的金额数目较大或涉及的产品为大宗商品时，还必须经过工商行政管理局或立约双方的主管部门订立合同签证，这样就完成了采购合同的签订。

图 7-5 采购时承诺的大致步骤

7.2.2 严格审核，保证合同的有效性

采购双方在签订合同时要照法律法规及自行约定的合同内容和格式进行审核，这就是合同审查。审查内容包括合同是否成立、如何生效、有无效力待定或无效的情形、合同权利义务如何终止或是否终止，以及相应合同约定或条款会产生什么样的法律后果等。那么，合同有效需要满足哪些条件呢？下面我们逐一介绍。

（1）当事人具有相应的民事行为能力

这里的民事行为能力包括合同行为能力和相应的缔约能力，这是合同当事人了解和把握合同的发展状况及法律效果的基本条件。

①自然人签订合同，原则上必须有完全行为能力，限制行为能力人和无行为能力人不得亲自签订合同，而应由其法定代理人代签。但《中华人民共和国合同法》有一例外规定，限制行为能力人可独立签订纯利益合同或与其年龄、智力及精神健康状况相适应的合同。

②对非自然人而言，必须是依法定程序成立后才具有合同行为能力，同时还要具有相应的缔约能力，即必须在法律、行政法规及有关部门授予的权限范围内签订合同，这样签订的合同才有效。

（2）当事人意思表示真实

采购合同的缔约人的表示行为应真实反映其内心的效果意思，即其效果意思与表示行为相一致。意思表示不真实，对合同效力的影响应视具体情况而定，主要包括以下几种情况。

①在一般误解等情况下，合同仍有效。

②有重大误解时，合同可被变更或撤销。

③在乘人之危致使合同显失公平的情况下，合同可被变更或撤销。

④在因欺诈或胁迫而成立合同时，若损害国家利益，合同无效；若未损害国家利益，则合同有效，但可被变更或撤销。

（3）不违反法律或社会公共利益

合同有效的一个重要前提就是不违反法律或社会公共利益，如果违反了，则合同无效。

（4）合同标的必须确定和可能

合同标的决定着合同权利义务的质和量，没有它，合同就会失去目的，失去积极意义，进而归于无效。

①合同标的确定是指合同标的自始确定，或可得确定。

②合同标的可能是指合同给付可能实现。一些采购合同涉及特殊项目，可能会有一些特殊的有效要件，如对外合作开采石油合同需要经过国家有关部门的批准才能生效。

认识了合同有效的条件后，我们还要清楚如何审查合同是否有效，主要从表 7-4 中的几方面进行审查。

表 7-4　合同是否有效的审查内容

方　面	描　述
审查合同签订的手续和形式是否完备	1. 审查合同是否需要经过有关机关批准或登记，若需经过批准或登记，则审查合同是否履行了批准或登记手续 2. 若合同中约定必须经公证后合同才能生效，则需审查合同是否经过公证机关公证 3. 若合同附有生效期限，应审期限是否届至 4. 若合同约定第三人为保证人的，应审查是否有保证人的签名或盖章；采用抵押方式担保的，若法律规定或合同约定必须办理抵押物登记的，应审查是否办理了登记手续；采用质押担保方式的，应按合同中约定的质物交付时间，审查当事人是否按时履行了质物交付的法定手续 5. 审查合同双方当事人是否在合同上签字或盖章
审查合同主体是否合法	审查签订合同的当事人是否是经过有关部门批准成立的法人或个体工商户；是否是具备与签订合同相应的民事权利能力和民事行为能力的公民；审查法定代表人或主管负责人的资格证明；代订合同的，审查是否具备委托人的受托证明，并审查是否在授权范围和期限内签订合同；有担保人的合同要审查担保人是否具有担保能力和担保资格
审查合同意思表示的真实性	与对方核查合同中的每一项内容所表达的意思，确保合同的字面意思清楚表达了签订合同的当事人内心的效果意思
审查合同内容是否合法	重点审查合同内容是否损害国家、集体或第三人的利益；是否有以合法形式掩盖非法目的的情形；是否损害社会公共利益；是否违反法律和行政法规的强制性规定
审查合同条款是否完备	每份合同都有必须包含的内容和条款，合同条款的完备与否是决定合同是否有效的一项重要条件，所以需要审查采购合同的具体条款
审查合同的文字是否规范	对合同草稿的每一条款、每一个词、每一个字甚至每一个标点是否符合都仔细推敲，反复斟酌，确定表述准确无误

7.2.3 如何保证合同的履行

保证采购合同的顺利履行，就要做好合同的履约管理工作，加强履约管理办法。主要从如下所示的几方面着手做好履约管理工作。

（1）强化合同管理意识

合同管理的实现要求履行合同整个过程中各方积极配合，这需要企业中参与合同的每一位员工都具备合同管理观念，通过学习合同履约管理基础知识来强化合同履约管理意识，通过总结过去管理中的经验教训，努力营造全员重视合同管理的氛围，提高签订合同的风险防范能力。

（2）健全制度管理

企业要安排专业的合同履约人员负责相关合同资料的收集整理，对整个合同的进度进行跟进报告。在对合同履约管理制度的改进方面，力求不断完善健全，使其全面覆盖合同履约过程，为合同的顺利履行提供安全保障。必要时，合同管理人员将合同内部的重要部分对相关的实施部门做出解释说明，即建立合同交底制度。

（3）落实责任分解制度

在合同交底制度完善的前提下，将合同责任进行分解并落实到各个部门，明确其工作范围和职责，增强合同实施的秩序。

（4）注重合同管理的人才选拔

企业要选择知识储备扎实、责任心和学历能力较强的人才充实合同管理队伍，并重视对这些人才的培养，积极鼓励员工参与相关专业的培训，为合同顺利履行提供人才保障。

（5）建立信息档案管理制度

企业要对签订的全部合同进行分门别类，建立合同管理台账，跟踪合同进程及管理记录，有助于员工随时掌握合同的履行情况。当合同履行过程中出现问题时，可及时找准问题并解决。合同履行管理中的问题大多是法律方面的，专业性和技术性较强，企业应建立信息回报和反馈制度，对合同的双方进行有效监控，一旦发现违约现象就可立即终止合同，减小企业风险。

（6）付款与结算管理

付款结算是合同履行中的重要环节，财会部门应在审核合同条款后办理结算业务，按合同规定付款，及时催收到期欠款。未按合同条款履约的，财会部门有权拒绝付款，并及时向企业有关负责人报告。在付款结算完毕、合同履行结束后，合同双方要办理合同终止手续，避免日后发生纠纷。

在实际监督合同的履行情况时，为了保证企业自身的利益，合同双方还可能签订"合同履行情况承诺书"。它在合同本身具有的约束力之外又加上一层保障，强制约定合同双方按照合同中的规定办事。那么，"合同履行情况承诺书"该怎么写呢？它主要包含的内容见表7-5。

表7-5　合同履行情况承诺书的主要内容

条目	内容
1	采购双方的公司全称或标准简称。如：甲方××公司，乙方××公司
2	签订承诺书的依据。如"根据……签订本承诺书"
3	供货期限
4	采购款项的支付时间、方式和金额
5	履行供货和付款义务的说明
6	关于采购活动的具体承诺内容
7	对于承诺书未尽事宜、承诺书条款与国家颁布的规定相抵触等情况的处理说明
8	承诺书的法律效力说明
9	承诺书的份数

7.2.4　合同需要修改应该如何处理

采购双方签订的合同需要做修改或补充时，标准的处理方法是：征得对方的同意，同时以书面形式提出修改或补充合同的建议。通常情况下，签订合同的双方要对前述合同进行修改或补充时，不得在原合同文本上直接修改或补充，而要另外签订补充协议或者变更合同。下面介绍的是一般合同的补充协议范本的内容。

范本展示　××合同补充协议

甲方：　　　　　　　　　　乙方：

本协议中涉及的所有术语，除非另有说明，否则其定义与采供双方于___年___月___日签订的××合同（以下简称"原合同"）中的定义相同。

鉴于_____原因，甲、乙双方本着友好、互信和互助的原则，经友好协商，依据实际情况，在原合同基础上补充合作条款的部分内容，特订立以下补充协议。

一、协议内容补充修改部分。

1. "××"处需要补充或修改的内容。

…………

二、本协议生效后，即成为原合同不可分割的组成部分，与原合同具有同等法律效力。

除了本协议中明确需要做修改的条款之外，原合同的其余部分的内容和条款应完全继续有效。

本协议与原合同有相互冲突的情况时，以本协议为准。

三、本协议一式两份，甲方执一份，乙方执一份，具有同等法律效力，自双方签字盖章之日起生效。

甲方签字：　　　　　　　　乙方签字：
___年___月___日　　　　　___年___月___日

合同变更是对原合同内容进行协商另作不同约定，双方以变更后的合同确定有关交易内容和工作，原合同有关内容不再进行。当事人对合同变更的内容约定不明的，推定为未变更。下面介绍的是一般的采购合同变更协议范本的内容。

范本展示 ××合同变更协议

合同编号：
甲方（买方）：　　　　　　　　乙方（卖方）：
甲、乙双方在合同履行期内，因＿＿＿＿＿＿＿＿原因导致《××合同》的部分条款需要发生变更。经双方协商一致并同意后，对下列条款进行变更。

一、协议内容需要变更的部分
…………

二、合同其他条款不变

三、其他协定
除了本协议中明确需要做出变更的条款之外，原合同的其余部分的内容和条款应完全继续有效。
本协议与原合同有相互冲突的情况时，以本协议为准。
本协议一式两份，甲、乙双方各执一份。

甲方（签章）：　　　　　　　　乙方（签章）：
代表人：　　　　　　　　　　　代表人：
委托代理人：　　　　　　　　　委托代理人：
经办人：　　　　　　　　　　　经办人：
日期：　　　　　　　　　　　　日期：

签订合同的当事人要注意，合同需要满足一定的条件才能进行变更操作，具体有如下一些条件。

①原已存在有效的合同关系。合同变更是建立在原合同基础之上的，通过当事人双方协商或法律规定改变原合同关系的内容。所以，没有原合同关系就没有变更的对象，也就不存在合同变更这一事务。另外，即使存在原合同，但原合同不合法、无效或者被撤销时，原合同即失去法律约束力，就不存在合同关系，也就不存在合同变更事宜。

②合同变更要征得合同双方的同意。合同变更必须依照当事人双方的约定或相关法律的规定，并通过法院判决或仲裁机构裁决才有效。任何一方不得采取欺诈、胁迫的方式欺骗或强制对方当事人变更合同。比如，《中华

人民共和国合同法》第五十四条规定，因重大误解订立的合同及订立时显失公平的合同，当事人一方有权请求人民法院或仲裁机构变更或撤销；一方以欺诈胁迫的手段或乘人之危，使对方在违背真实意思的情况下订立的合同，受损害方有权请求人民法院或仲裁机构变更或撤销。

③变更合同必须遵守法定的方式。《中华人民共和国合同法》第七十七条规定，当事人协商一致，可以变更合同。法律、行政法规规定变更合同应当办理批准、登记等手续的，依照其规定。变更协议一般与原合同形式一致，原合同为书面形式，变更协议也应采取书面形式；而原合同为口头形式的，变更协议可以采取口头形式，也可采取书面形式。

④合同变更是内容发生变化。合同变更仅指合同内容发生变化，不包括合同主体的变更，变更后的合同关系要与原合同关系保持同一性。

7.2.5　解除合同应该如何操作

合同的解除是针对有效合同而言的，有的企业会称之为"取消合同"。签约双方在合同履行过程中，因出现了不能实现合同目的的事由，当事人可主张解除合同，消灭民事法律关系。那么，解除合同要如何操作才是合法的呢？下面我们逐一介绍。

合法的解除合同必须符合法律规定的条件和程序，首先必须具备法定或约定的合同解除情形，根据《中华人民共和国合同法》的规定，有以下情形之一的可解除合同。

①因不可抗力致使不能实现合同目的。

②在履行期限届满之前，合同当事人一方明确表示或以自己的行为表明不履行主要债务。

③合同当事人一方延迟履行主要债务，经催告后在合理期限内仍未履行。

④合同当事人一方延迟履行债务或有其他违约行为致使不能实现合同目的。

⑤法律规定的其他情形。

合同当事人协商一致，可以解除合同。也可约定一方解除合同的条件，解除合同的条件成立后，当事人可解除合同。但是，当事人具备了合法的合同解除权后并不能想当然地自行解除合同，还必须依照法律规定的程序进行合同的解除。不同方式的解除会有不同的操作。

①约定解除。合同双方协商一致，好合好散。这种方式的适用前提是，当事人事先在合同中对解除合同的使用情况和解除条件等做出了明确的约定。这种方式下，合同的解除没有什么实质性的程序。

②单方解除（法定解除权）。当合同中的一方当事人存在根本性违约行为，造成签订合同的目的不能实现的，合同中的另一方当事人可行使法律赋予的合同解除权。该解除方式下，合同的解除有一定的程序，具体如图7-6所示。

● **第一步，通知对方**

合同约定当事人一方解除合同应满足条件的，在满足条件时，提出解除合同的一方应通知对方当事人；发生法定情形而使某一方当事人享有解除权的，解除权人也应通知对方当事人。这两种情况下，合同从通知到达对方当事人的时候起解除。

● **第二步，解决合同解除的异议**

当事人一方解除合同的通知到达对方后，对方不同意解除合同的，可向法院起诉或依据仲裁协议向仲裁机构提出申请，请求确认解除合同的效力。

● **第三步，办理批准和登记等手续**

法律和行政法规规定，解除合同应办理批准和登记等手续的，同时要按照特别程序的规定执行。比如，《中华人民共和国中外合资经营企业法》规定，合营企业若发生严重亏损、一方不履行合同和章程规定的义务或不可抗力等，经合营企业各方协商同意后，要报审查批准机构批准，并到工商行政管理局进行登记，这样才可解除合同。不依法报请批准或未依法办理登记的，不发生解除合同的效力。

图7-6　单方解除合同的程序

知识扩展 什么是合同撤销与合同解除

采购人员应明确合同撤销与合同解除的区别。合同撤销是针对可撤销合同而言的，合同被撤销，则成为无效合同；合同不被撤销，则仍为有效合同。合同撤销后就表明该合同从一开始涉及的内容都是无效的，撤销前已经履行的部分也归于无效，依照无效的法律后果进行处理，而合同解除则从前已经履行的部分视为有效。另外，合同的撤销必须由签约当事人向法院或仲裁机构申请处理，当事人不得自行协商处理，而合同解除可以由双方当事人协商自行解决，也可诉请法院或仲裁机构解决。

7.2.6 管理合同，规避风险

企业在与供应商签订采购合同后，要做好合同的管理工作，避免遭受经营风险，给企业带来不必要的经济损失。而做好合同的管理工作不仅要明确签订合同的风险点，还要知道合同中重要部分的写法和其他一些细节事项的处理。

（1）合同都有哪些风险点

企业与供应商签订的采购合同的常见风险点，主要是合同中常见的陷阱问题。采购人员要保证企业的利益，就要学会发现和处理合同中的风险点。下面从合同的重要内容出发，看看可能存在哪些陷阱。

◆ 当事人的名称和住所

该风险点涉及的陷阱主要是合同主体资格问题，包括图7-7所示的三种情形。

- 合同当事人是否是合法的权利主体，这不仅涉及当事人是否办理工商注册登记，还涉及是否具备协议执行资格，即是否具备执行协议主要目的的资格和是否具备对应行业资质。
- 代理人是否有代理权限。
- 合同另一方属于自然人的，还需关注自然人是否为本人等。

图7-7 当事人名称和住所的陷阱

如果主体不符合相应资格，将导致合同无效或效力待定。

解决的策略是：在签订合同前合作双方向对方提供相应的资质资格证照复印件及授权委托书。在正式签约前，合作双方可通过国家企业信用信息公示系统查询资质资格证照等信息，确认真伪；也可在正式签约时，双方将资质资格证照复印件作为协议附件归档保管。

◆ 标的物

标的物的陷阱一般是利用当事人对产品不熟悉而将成套产品拆零，以达到多计价或少发货的目的；还可能是产品牌号或商标不清楚，规格、型号混淆或缺失；也可能将产品或材料以次充好，以低端材料代替高端材料。

防范处理策略是：签订合同前，了解清楚材料或产品的特性、出售方式，以及产品规格、型号、品牌和生产厂家等。签订合同时，要求将材料或产品的主要特征在合同中写清楚，并将供货商报价材料等作为合同的附件妥善保管。

◆ 数量

针对这一风险点，主要有三种类型的陷阱，一是卖方笼统规定数量，如一车、一批、一箱或一套等；二是卖方不写合理损耗，或合理损耗写得太多，导致买方遭受损失；三是卖方对于裸装的材料或产品不写溢短装率（多装或少装的比率），而是根据市场行情决定多装还是少装。

针对第一种数量风险类型，企业的防范策略为：明确约定合同中的数量，用行业、国家或国际标准的计量方式，对供应商表述的一车、一箱等情形，再约定一车、一箱内所装的具体数量，或进行体积与重量等附加描述，以补充完善数量标准；对成套的材料或产品需约定清楚全套产品包含的组成部分，列出备件清单。

针对第二种数量风险类型，企业的防范策略为：了解材料或产品的特性，将合理损耗写清楚。

针对第三种数量风险类型，企业的防范策略为：对相应的材料或产品在合同上写清楚溢短装率，防止卖家恶意多装或少装。

◆ 质量

其风险点主要是很多采购合同中不写具体的质量标准，或成套材料、产品不写备件的质量标准，甚至有凭样品买卖的不封存样品，这都会给采购企业带来质量风险。防范策略为：在采购合同中写明具体适用的国家和行业及企业质量标准，成套材料或产品的主件和备件质量标准也都要写清楚，而凭样品买卖的材料或产品，一定要监督供应商封存样品。

除此之外，供应商将材料或产品的质量检验期间写得太短，导致采购企业收到材料或产品后没时间检验而被直接视为验收合格；又或者因仓促验货而没有时间发现质量问题等，都会给采购企业带来风险。

防范策略为：要求供应商在合同上写明合理的检验期限和保质期，以及保质期内质量问题的解决办法，如退货、修理或更换。

◆ 价款

在签订采购合同时，如果采购方只写采购总价和支付期限，不写单价和支付方式，会导致供应商面临收款风险。

防范策略为：供应商要求采购方在合同中约定单价和总价，约定支付方式是现金、电汇还是银行承兑汇票，是预付还是到付，是一次性付款还是分期付款等。

◆ 履行期限、地点和方式

有的供应商在采购合同中不写交货时间或交货时间约定不明，比如，约定×月×日之前，×月×日到×月×日之间等，导致采购方不能准时收货而延误商机。防范策略为：双方在合同中约定准确的交货期或交货日。

还有的供应商在采购合同中不写交货地点和方式，导致价格已包含运费却不向采购方提供运输服务，造成采购方的损失。

防范策略为：督促供应商在合同中写清楚交货地点和方式，以及采购价格是否已包含运费，是自提、站到站还是门到门的交货方式。

◆ 违约责任

这是合同中最常见的风险，通常表现为有可能违约的一方当事人不写违约责任，或将违约责任规定得很小，导致其自身的违约成本低，进而可以随意违约。

防范策略为：合同双方将违约责任进行明确规定，写清楚违约金的性质是兼具惩罚性和补偿性的，违约金要合理，不能过高，也不能太低。

◆ 解决争议的办法

在合同双方发生纠纷时，对方当事人选择有利于自己的争议解决方式和管辖地，这将不利于己方。

防范策略为：合同中明确约定双方发生纠纷时是诉讼还是仲裁，并避免约定对自己不利的纠纷管辖地。

（2）合同盖章的讲究

合同的盖章问题也可能存在风险，盖章不正确或不规范，都可能造成合同无效。

一般来说，采购合同上加盖的是采购双方的合同章，但有时供应商会有特别的要求，让采购方加盖企业公章，这也是可以的。下面我们就来详细了解合同盖章的一些注意事项和讲究。

◆ 盖章与签字，取其一时合同是否成立要视情况而定

有的合同当事人会误认为签订采购合同时既要签字还要盖章，这样合同才能成立，而事实上，《中华人民共和国合同法》第三十二条规定："当事人采用合同书形式订立合同的，自双方当事人签字或盖章时起合同成立"。

也就是说，当双方当事人签订采购合同时，只盖章或只签字，合同也能成立，两者可取其一。当然，既盖章又签字的合同肯定成立。但需要注意的是，当合同上只签字而没有盖章时，合同是否有效需要视情况而定。

①如果合同是由企业的委托代理人在其权限范围内或企业的法定代表人签的字，则只签字不盖章的合同是有效的。

②如果签字的委托代理人是在没有代理权、超越代理权或代理权终止后与对方企业签订合同，经过被代理人的追认后，所签合同才有效；未经追认的合同无效，此时会由签字的人承担民事责任。

◆ 合同没有签字和盖章也可能成立

通常情况下，合同上必须要有签字和盖章中的一项或两项，合同才成立。但有一种特殊情况，没有签字也没有盖章但合同也已经成立，即双方当事人以合同书形式订立的合同已经履行了各自的义务，而仅仅是没有签字盖章，这样的情形下，合同也算是成立了。如果因为没有签字也没有盖章而认定合同不成立，则违背了双方当事人的真实意思，因为既然当事人已经履行了合同内容，所以合同当然是成立的，除非当事人的协议违背法律的强制性规定。

也就是说，没有签字也没有盖章的合同是否成立或有效，主要看合同是否已经履行，对于已经履行的合同，即使没有签字也没有盖章，合同也是已经成立了的，而还没有履行或者没有履行完毕的合同，如果没有签字也没有盖章，则合同不成立。

◆ 合同一方当事人是个人的签字盖章问题

上述两大签字盖章问题主要针对的是合同双方当事人都为企业或法律认可的其他组织的情况。当合同双方当事人中是个人时，签字盖章问题又该如何处理呢？

①双方当事人都是个人的，双方签字即合同成立。

②双方当事人中一方是个人，另一方是法人单位或法律认可的其他组织的，双方合同约定通过双方当事人签字的方式使合同成立，也符合法律的规定。个人一方签字即可，而法人单位或法律认可的其他组织的法定代表人和负责人签字即可使合同成立，法定代表人或负责人明确授权的代理人签字也可使合同成立。

③双方当事人中一方是个人，另一方是法人单位或法律认可的其他组织的，双方合同约定法人单位或法律认可的其他组织必须通过盖章的方式

才能使合同成立的，法人单位一方应加盖公司的公章或已经在工商行政管理局备案的合同专用章，才可使合同成立。

7.3 进行交期管理，提高采购效率

交期管理即交货期管理，是企业将产品交付客户的科学系统的管理过程和办法。在交期管理工作中，采购方涉及采购和库存管理，供应商涉及生产、销售和库存管理。那么，站在采购方的角度，如何做好交期管理呢？

7.3.1 适当地进行交期控制

为什么采购企业需要适当地进行交期控制呢？

如果交期控制不好，企业采购的物资无法及时到货，则可能造成材料缺货，进一步引发无法按时向客户交货的风险。又或者，所采购物资到货较快，使得企业物资长期积压，可能导致企业储存成本升高，同时物资发生不必要的霉烂、变质，形成经济损失。

而控制好交期，就能有效避免上述事情的发生，不仅能提高供应商的供货效率，也能减少断货风险。

如何才能准确控制交期呢？我们可以用下列所示的简单公式计算交期。

交期=行政作业时间+原料采购时间+生产制造时间+运送与物流时间+
验收和检查时间+其他预留时间

为了更好地理解计算公式，我们需要了解各部分的含义，具体见表7-6。

表7-6 计算交期的各时间的含义

时间	含义
行政作业时间	这部分时间主要是采购方与供应商为了开展采购活动所必须进行的文书编制与准备工作所花费的时间

续上表

时间	含义
原料采购时间	供应商为了完成采购方的订单而需要向他的供应商采购必要的原材料所需花费的时间
生产制造时间	供应商生产制造出采购合同约定的货物所需的时间
运送与物流时间	订单完成后，供应商将货物从生产地运到采购方指定交货地点所需花费的时间
验收和检查时间	所采购货物运抵采购方指定交货地点后进行货物检查和验收所需的时间，包括卸货、检查、拆箱检验、签署验收文件，以及将货物搬运到合适地点等所耗用的时间
其他预留时间	一些不可预见的外部或内部因素造成的延误和供应商本身预留的时间

作为采购方，企业可以从交期的各组成部分的时间入手，进行适当控制。比如下列所示的方法。

①提高交易双方的行政作业效率，减少行政作业时间。

②提高验收和检查货物的速度，减少验收和检查时间。

③在签订合同时，尽可能在保证产品质量的同时与供应商约定较短的交期等。

有些企业为了对交期控制进行规范化管理，还会制定相应的制度，如"采购交期控制制度"。

7.3.2 交期延误的处理

交期延误就是采购企业在双方约定的交期到期后没有按时交货的现象。实际采供交易中，供应商难免会出现因各种原因在交期届满后仍无法交货的情况，但是，由于采购方自身的某些情况也可能导致交期延误。

那么，交易过程中，发生交期延误的常见原因有哪些呢？如下所示。

①供应商的紧急订单多，交期过短导致生产准备来不及，计划不足交付生产，进一步使得供应商的制造过程管理混乱。

②产品设计变更频繁，或者在生产过程中变更设计。

③采购方频繁更改产品要求。
④供应商的用料计划不良，进料不及时。
⑤生产过程中不良品较多，影响交货产量。
⑥设备故障、人员不足。
⑦生产排班不合理，甚至出现产品生产工作漏排。
⑧产能不足，找不到外包，工作调配出现严重失误等。

针对交期延误的不同原因，采购方需要做出不同的处理意见。下面是几个概括性的处理办法，见表7-7。

表7-7 针对交期延误的不同处理办法

条 目	处理办法
1	因供应商原因导致的交期延误，采购人员应及时进行催货，要求供应商根据合同条款承担违约责任
2	因采购方的采购人员的原因造成的交期延误，应加强采购人员交期意识，提高采购人员业务素质，并对相关责任人进行批评。对公司造成严重损失的，应记失职一次，并处一定数额的罚款
3	因采供双方沟通不畅造成的交期延误，采购部应加强内部控制，改进采购工作业务水平，加强与供应商沟通，建立完善、畅通的沟通机制
4	因偶发不可抗力因素造成的交期延误，应与供应商协商进行处理。自然灾害造成的损失应寻求保险公司进行赔偿；其他偶发因素造成的损失，应和供应商协商解决，力求将双方损失减到最低

采购企业在自行制定的交期控制制度或交期管理制度中，通常也会对交期延误的处理进行明示。

7.3.3 建立完善的交期管理制度

交期管理是比交期控制更全面的工作，它包括对交货时间的控制和管理。其中，管理包括适当延长交期或适当缩短交期，以此来合理调节企业的库存，从而降低采购成本和缺货风险。

企业的交期管理不仅可以从时间角度出发，还可以从流程角度出发，具体分为两种管理流程。简单介绍如图7-8所示。

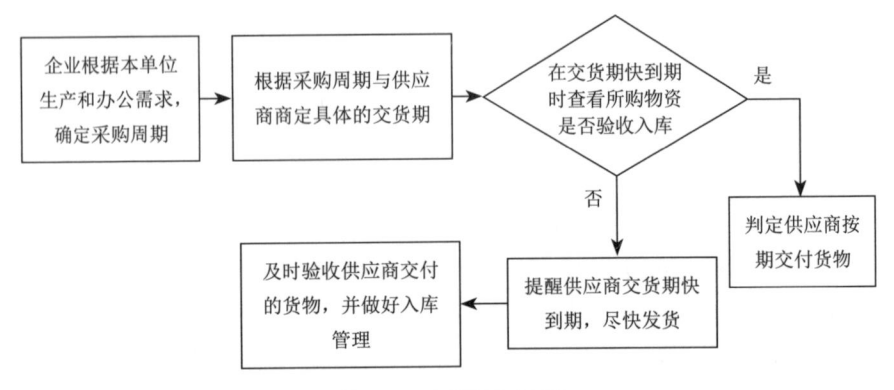

```
企业根据本单位       根据采购周期与供应       在交货期快到期
生产和办公需求, →   商商定具体的交货期 →   时查看所购物资      —是→  判定供应商按
确定采购周期                                  是否验收入库               期交付货物
                                                  ↓否
     及时验收供应商交付    ←   提醒供应商交货期快
     的货物,并做好入库           到期,尽快发货
     管理
```

图7-8 交期管理流程

在实务中,很多企业为了规范交期管理工作,会制定交期管理制度。下面来看某企业制定的采购交期管理制度范本。

<u>范本展示</u> **采购交期管理制度**

第1章 总则

第1条 目的

为了加强交期管理,确保采购物资的交货期限,特制定本制度,以保证企业生产经营活动的顺利开展。

第2条 适用范围

本制度适用于本公司所有采购项目的交期管理。

第3条 职责分工

采购部进度控制主管在采购部经理的指导下具体负责采购交期管理的各项工作。

第2章 采购交期的相关说明

第4条 明确交期管理的重要性

交期管理是采购管理的重要一环,确保交期是为了达到"在必要的时间提供生产所必需的物料,以保障生产及合理生产成本"的目标。

第5条 采购交期的要件

采购交期是指从采购订货之日起到供应商送货到库之日止的这段时间,具体前置时间构成为:

……

第 6 条　明确采购交期延迟的原因

从采购交期的前置时间构成可以看出，本企业内部、供应商以及供应商的供应商、物流等都可能引起交期延迟，具体原因见下表。

造成交期延迟的原因解析表（略）

第 3 章　采购交期的管理

第 7 条　明确交期异常对企业的影响

……

第 9 条　采购交期的事前规划

……

第 10 条　采购交期的事中控制

……

第 11 条　事后考核保证采购交期

……

第 4 章　附则

第 12 条　本制度由采购部负责制定、修改、解释

第 13 条　本制度经总经理审批通过后，自颁布之日起实施

7.4　订单结算，银货两讫

在采供合作关系中，无论是一手交钱一手交货，还是先交钱再提货，抑或者先提货再付款，企业最终都将进行采购结算，达到银货两讫的交易状态，只有这样，采购合同才算是真正完成并顺利终止。在进行采购结算时，采购方要根据采购合同中约定的付款期限和付款方式向供应商支付货款。

7.4.1　结算前要先验收货物

实际采购活动中，难免会遇到采购的货物出现质量问题的情况，此时如果采购方不先验货就付款，很容易给自己造成损失，比如要求退货而遭

到拒绝,要求补偿也遭到拒绝等。所以,为了防止这样的事情发生给企业带来不必要的经济损失,在支付并结清款项前要验货。

(1) 完成验收需要做的各项准备工作

采购方在验收货物之前,需要明确验货的时间、地点、采购双方的职责和方式等。

◆ 验货时间

采购方验货的时间关系到其何时能够开展验货工作,如果验货时间不准确,会导致一些具有特殊验货时效的采购项目无法在规定的时间内验货,这会给采购方增加采购风险。

应用示例 采购方不注重验货时间而遭受经济损失

供应商A与采购方B于2022年9月11日签订采购合同,合同约定材料在2022年9月22日之前送达,同时约定自签订合同日起验收货物的有效期为10天。

如果供应商A在22日才将货物送达B公司,则离签订合同的11日已经有12天的时间,超过了验货有效期10天,而此时B公司只能在22日才发生验货行为。如果验出货物有问题,则由于超过验货有效期,可能在要求退货或换货时被A公司拒绝,那么,B公司就会蒙受经济损失。

◆ 地点

采购方收货地点的确认也在一定程度上影响验货行为,通常采购方会在收货地点处当着供应商的面进行验货。由此看出,收货地点与验货地点有关联,在验货前,最好是在合同中明确规定收货地点。验货地点可选择产地验货,也可选择交货地验货,根据采购双方协商约定的结果选择合适的验货地点。

◆ 双方职责

采购双方在进行验货时,都有其自身的职责所在,具体见表7-8。

表 7-8　验货时双方的职责

当事人	职　责
采购方	1. 严格执行"材料／成品检验标准"和"材料／产品包装标准"，按生产批次对材料或成品进行检验和试验 2. 负责供应商交货时的接待工作 3. 负责协助采购材料或产品的检验与试验工作，对外购材料或产品的品质负责，做好供方品质档案 4. 执行验货工作时应填写相应的质量记录，记录要真实清楚，不得随意涂改，建立健全质量原始记录和品质历史资料
供应商	1. 严把材料或产品出厂质量关，对公司材料或产品质量及客户的投诉负责 2. 负责采购方验货时的接待工作 3. 负责采购方的材料或产品满意度调查，做好品质历史档案 4. 负责按"材料／产品包装标准"的单号对每批次出货的材料或产品不重复留样，并做好留样所属业务员及采购方标示记录 5. 负责与销售部协调采购方的验货事宜 6. 执行验货工作时应填写相应的质量记录，记录要真实清楚，不得随意涂改，建立健全质量原始记录和品质历史资料

◆ 方式

采购方对采购材料或产品有三种验货方式：自行检验、委托检验和直接接受工厂出具的检验合格证明。

其中，自行检验是指由采购方自行负责检验工作，国内大部分采购活动都采用这种验货方式；委托检验是指由于采购双方距离太远或本身欠缺此项专业知识，而委托公证行或某专门检验机构代检，国内部分特殊规格的采购项目和国外大部分采购活动均采用该验货方式。直接接受工厂出具的检验合格证明是指采供双方不需要做专门的检验工作，只要采购方收到了工厂出具的检验合格证明，就表示产品合格。

（2）明确验收要素，完成验收并进行结果处理

验收要素就是验收的具体内容，主要包括采购的数量、质量和交货手续。针对不同的验收要素，有不同的验收内容，具体见表 7-9。

表 7-9 采购项目的验收要素

要　素	验收内容
数　量	1. 验收单上列示的批次供货数量是否符合合同规定的数量 2. 当最后一批次的供货完成时，将所有批次的数量汇总，验收总量是否符合合同约定的数量
质　量	1. 验收材料或产品的使用性能，即材料或产品在一定条件下，实现预定目的或规定用途的能力 2. 验收材料或产品的安全性，即材料或产品在使用、储运和销售等过程中，保障人体健康和人身财产安全的能力 3. 验收材料或产品的可靠性，即材料或产品在规定条件和时间内，完成规定功能的程度和能力，一般指功能效率、平均寿命、失效率、平均故障率和平均无故障工作时间等 4. 验收材料或产品的可维修性，即材料或产品在出现问题或故障后，能迅速处理或维修以恢复其功能的能力，一般指平均修复时间 5. 验收材料或产品的经济性，即材料或产品在设计、制造和使用等各方面所付出或消耗成本的程度及获得经济利益的程度，一般指投入产出的效益能力
交货手续	1. 需要供应商提供材料或产品质量合格证明的，要验收其是否已取得质量合格证明 2. 需要供应商提供材料或产品使用说明书的，要验收其是否已制作使用说明书，其他需要供应商办理的手续也要一一验收

对于采购量大或者采购的是生产设备的采购项目，采购方在验收完毕后，需要进行结果处理，并制作验收结果报告。而一些采购量较小或者采购的货物是小物件的采购项目，比如办公用笔、笔记本等，可自行决定是否制作验收报告，一般为了节省采购双方的时间，可不制作。

（3）验收不合格，视具体情况进行处理

一般来说，当采购方验收材料货物时发现有材料货物不合格的，可按照图 7-9 所示的流程进行处理。

第一步

验货员在"验货报告"中描述不合格的材料物资类型和不合格程度，同时在材料物资外包装上做"不合格"标识。

第二步

采购方的仓管员将不合格材料或物资放置在不合格品区域，做好标识和记录，通知企业采购部。

第三步

采购部得到仓储部的通知后联系供应商，协商解决。

第四步

依照实际情况决定是否需要启动不合格品处理程序。若不需要启动，则由采购部和仓管部办理拒收或退货手续；若需要启动，则采购部提出申请，经质检部审签后，采购主管批准启动。

第五步

以双方事先约定的标准作为处理依据，并在"采购申请单"上做详细说明，包括交货时间、检验标准和包装方式等。

第六步

确定退回的采购材料或物资由仓管员清点整理后通知采购部，采购人员通知供应商到指定地点领取退货物品。不同的材料或物资会有不同的退货或索赔方式，这需要根据采购双方的约定来确定。

图 7-9　货物验收不合格后的处理流程

在具体处理不合格材料物资时，采购员和仓管员需要视不同情况进行不同处理，具体处理办法可参考表 7-10 中的内容。

表 7-10　验收不合格的材料物资在不同情况下的处理办法

情　况	处理办法
不合格原辅料	1. 对于采购检验发现的不合格原辅料，质检人员在每个包装上都贴上红色的"不合格证" 2. 仓储部门凭"原辅料检验报告单"和仓管员取下的"待验单"，将不合格原辅料隔离到规定的贮放区，树立红色的不合格牌 3. 质检人员会同采购部、生产部、试验室及有关生产车间调查研究，签署意见，视具体情况分别处理，并出具"不合格原辅料处理报告单"，原稿一份留底作为处理依据，复印件分别发给采购部、仓储部、生产部和主要使用部门各一份 4. 重大缺陷或对生产和质量可能造成重大影响的原辅料，做拒收处理，由采购部负责退货，对于不能退货而需要销毁的原辅料，由公司经营部的负责人或生产部负责人批准后，按"物料销毁程序"执行 5. 有缺陷但可挑选使用的原辅料，质检人员协同有关部门进行挑选，挑选后的原辅料按原检验规定重新检验 6. 可改换其他标准规格处理的，改换其他标准规格后，原辅料仍需按改换其他标准规格后的标准规定进行检验 7. 不合格原辅料处理完毕后，质检人员负责填写"不合格原辅料处理报告单"中的"跟踪验证"项，并按处理结果及时执行
不合格包装贴签材料	1. 对于采购检验发现的不合格包装及贴签的材料，质检人员在每个包装上都贴上红色"不合格证" 2. 仓储部门凭不合格"包装材料检验报告单"和由仓管员取下的"待验牌"，将不合格包装及贴签的材料隔离到规定的贮放区，树立红色的不合格牌 3. 质检人员会同采购部、生产部、试验室和有关生产车间调查研究，签署意见，视具体情况分别处理，并出具"不合格包装材料处理报告单"，原稿一份留底作为处理依据，复印件分别发给采购部、仓储部、生产部和主要使用部门各一份 4. 重大缺陷或对生产和质量可能造成重大影响的包装及贴签不合格的材料，作拒收处理，由采购部负责退货，对于不能退货而需销毁的包装和贴签材料，由公司经营部负责人或生产部负责人批准后，按"物料销毁程序"执行 5. 有缺陷但可挑选使用的，质检人员协同有关部门进行挑选，挑选后的包装及贴签材料按原检验规定重新检验 6. 可改换其他标准规格处理的，改换其他标准规格后，包装及贴签材料仍需按改换其他标准规格后的标准规定检验 7. 不合格包装及贴签的材料处理完毕后，质检人员负责填写"不合格包装材料处理报告单"中的"跟踪验证"项，并按处理结果及时执行 8. 对于质检人员现场检查且能快速作出检验结论并实施退货的外包装和贴签材料，可在"包装材料检验报告单"中注明实收数量和退货数量，由供应商带回自己的公司，而验收入库的外包装和贴签材料即为合格物料

7.4.2 确定最适合的结算方式

企业结算采购货款时，方式有很多种，如支票结算、银行汇票结算、银行本票结算、汇兑结算及异地托收承付结算。

（1）支票结算

支票结算是指采购方根据其在银行的存款和透支限额开具支票，请求银行从其账户中支付一定款项给供应商，从而实现资金调拨，了结债权债务。支票结算中又有不同的结算方式，具体介绍如下。

①现金支票结算。可签发给其他单位和个人用来办理结算或委托银行代为支付现金给供应商。

②转账支票结算。采购方将转账支票交给供应商，通知其到采购方的开户银行办理转账结算。该方式主要用于同城支付结算业务，且只能用于转账。

③定额支票结算。即支票票面金额是确定的，它不记名、不挂失，自银行签发后生效。该方式一般用于农副产品的款项支付。

（2）银行汇票结算

银行汇票结算是指采购方的开户行签发汇票，由采购方将汇票交给供应商，供应商凭借汇票到采购方的开户行提取货款。汇票可用于单位和个人各种款项的结算，可用于转账，也可用于支取现金。

当汇票超过付款期限而不能付款的，供应商必须在票据权利时效内向出票银行做出说明，并提供本人身份证和单位证明，持汇票和解讫通知书向出票银行请求付款或退款。

（3）银行本票结算

银行本票结算是指采购方将款项交存银行，由银行签发本票，采购方在采购货物时将本票交给供应商，供应商凭本票到签发银行请求支付确定金额的货款。

银行本票结算的适用范围是：同一票据交换区域内，即本票可以使用的地理区域内的银行才会接受供应商的付款请求。

本票可用于转账，也可用于支取现金。无论个体或单位等是否在银行开户，他们之间在同城范围内发生的商品交易、劳务供应或其他款项结算等都可使用银行本票。

（4）汇兑结算

汇兑结算是指采购方委托银行将其款项支付给供应商，其适用范围较广，单位和个人异地之间的各种款项的结算都可使用汇兑结算。

该方式下，采购方还可根据自身实际情况选择使用信汇还是电汇方式。信汇是指采购方委托银行通过邮寄方式将款项划给供应商；电汇是指采购方委托银行通过电信手段将款项划给供应商。采购方委托银行办理信汇或电汇时，应向银行填制一式四联的信汇或一式三联的电汇凭证，加盖预留银行印鉴，并按要求详细填写收、付款人名称、账号、汇入地点、汇入行名称及汇款金额等。

对未在汇入银行开立存款账户的供应商，由汇出银行通知汇入银行，经核实汇款确未支付且款项收回的，可办理退汇。汇款解讫后可通过开立的"应解汇款及临时存款"账户，办理转账支付和以原供应商为收款人的转汇业务。

（5）异地托收承付结算

异地托收承付结算是指供应商发货后委托银行向异地采购方收取货款，采购方根据合同核对单证或验货后，向银行承认付款。

托收承付结算方式只适用于异地订有经济合同的商品交易及相关劳务款项的结算，代销、寄销和赊销商品涉及的款项，不得使用异地托收承付结算方式。

异地托收承付结算的款项划转方式有邮划和电划两种，因为电划比邮划速度快，所以供应商可根据自身对资金的需求缓急程度进行选择。相应地，异地承付也有两种方式，验单承付和验货承付，其解释如下。

①验单承付是指采购方接到其开户银行转来的承付通知和相关凭证，并与合同核对相符后，就必须承认付款的结算方式。验单承付的承付期为3天，从采购方开户银行发出承付通知的次日起算，遇节假日顺延。

②验货承付是指采购方除了验单外，还要等物料全部运达并验收入库后才承付货款的结算方式。验货承付的承付期为10天，从承运单位发出提货通知的次日起算，遇节假日顺延。

> **知识扩展** 国际采购项目的四种货款结算方式
>
> 国际采购项目的货款结算方式有四种，分别是信用证、托收、汇付和银行保函。在国际贸易活动中，采购方和供应商需要两家银行作为买卖双方的保证人，代为收款交单，以银行信用代替商业信用，而银行使用的工具就是信用证。托收是出口人（供应商）在货物装运后，开具以进口方（采购方）为付款人的汇票，委托出口地银行通过采购方的进口地的分行或代理行代出口人收取货款的一种结算方式。汇付即汇款，是采购方通过银行，使用各种结算工具将货款汇给供应商的结算方式。银行保函是指银行答应委托人的申请而开立的有担保性质的书面承诺文件，一旦委托人未按其与受益人签订的合同约定偿还债务或履约时，由银行履行担保责任。

7.4.3 先对账，再付款结算

在企业采购部门中，员工可按工作性质的不同分为两大类，前期供应商开发（sourcing）和后期订单追踪（buyer）。sourcing主要负责供应商的开发和管理，以及一些主要项目的采购谈判事宜；而buyer主要负责后续的订单追踪、订单异常处理及对账和发票请款等工作。

在采购实务中，需要采购部门的buyer人员核对账目后，财务部门才会向供应商支付货款。而一般情况下，采购部门的buyer人员会编制一张"采购收货对账单"，核对无误后通知财务部向供应商打款。表7-11中的是一种最简单的"采购收货对账单"。

范本展示 采购收货对账单

表 7-11　采购收货对账单

供应商：

下单日期	合同编号	物料名称	单位	单价/元	收货数量/件	金额/元	收货日期	开票日期	发票号码	付款日期	已付货款/元	应付货款/元	备注

企业的采购业务很多，供应商信息也会很复杂，所以采购对账工作要由采购部门的专人负责。财务要求采购对账人员要保证入库单上的货物名称、数量及金额和发票上开具的货物名称、数量及金额是一致的。

财务部相关人员付款签字时，只是抽查采购部门传递到财务部的入库单和发票。在实际工作中，偶尔会发现两方信息对不上的情况，尤其是货物名称，这种情形主要是由于很多供应商都是找别人或税务机关代开发票，开票者并不了解货物的具体名称，所以就在开发票时将货物名称写成了其他货物的名称而造成的。

虽然发生这样的情况是有其原因的，但发生以后必须及时进行处理，以保证入库单、发票和采购对账单上的货物名称一致。若不一致时，则先不要向供应商支付货款，而要检查、核对、修改并确认无误后再向供应商付款，结清采购款项。

7.4.4　结算工作最终需要落到实处

企业采购材料物资，在结算环节究竟需要做哪些工作，具体如何实施，过程中有哪些注意事项等问题，都将指导企业落实结算工作，及时向供应商支付货款。

（1）付款审批要遵循流程要求

采购企业从对账开始，直至向供应商完成付款的过程，一般涉及图 7-10 所示的流程。

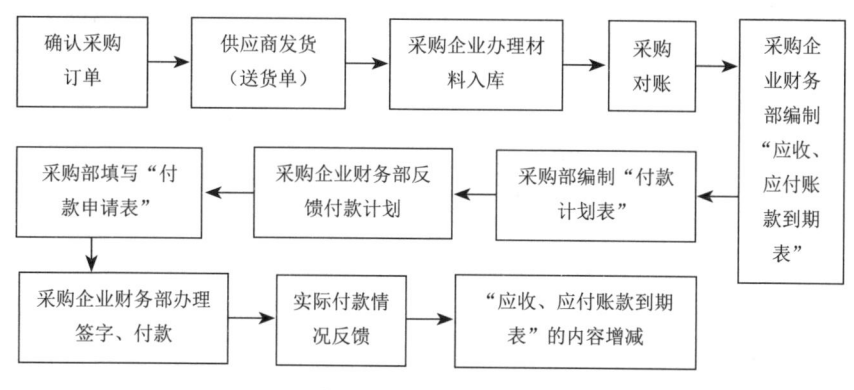

```
确认采购订单 → 供应商发货（送货单） → 采购企业办理材料入库 → 采购对账 → 采购企业财务部编制"应收、应付账款到期表"

采购部填写"付款申请表" ← 采购企业财务部反馈付款计划 ← 采购部编制"付款计划表" ←

采购企业财务部办理签字、付款 → 实际付款情况反馈 → "应收、应付账款到期表"的内容增减
```

图 7-10　采购付款流程

在采购业务付款流程中，会涉及付款的审批程序及权限问题，如图 7-11 所示。

```
采购人员填写"付款通知单"，附上有关单据。
          ↓
审核整套单据并签字。审核时有权限区别，对于整套单据来说，有的只需经各采购部
主管审核签字，有的需经会计复核，有的则需经财务主管审核，有的甚至需要经企业副
总经理审批。
          ↓
属于正常月结付款，单笔在 5 万元以内的单据可立即安排付款；单笔付款超过 5 万元
的要报经总经理审批。除月结方式外的其他采购业务付款，不论金额大小，一律报总经
理审批后方能执行付款。因出差等特殊情况导致总经理不能及时审批签字的，应用短信
或电话方式请示，同意后方可执行付款操作，并在"付款通知单"上注明，后续应由总
经理补签字。
```

图 7-11　付款的审批流程及权限问题

不同的企业或供应商，其对采购业务付款的要求都不同。

（2）现金采购方式下怎么付款

现金采购就是指付款时既没有使用支票，也没有使用转账方式，而是

直接使用现钞支付完成采购任务的一种方式。它主要适合多数小额交易。虽然现金具有使用方便的特点，但现金采购存在明显的缺陷，主要有如下两个方面。

①易受时间和空间限制。对于不在同一时间、同一地点进行的交易，无法采用现金采购方式完成交易。

②不利于大宗交易。大宗交易即涉及金额巨大的交易，如果使用现金作为支付手段，不仅携带不方便，而且会导致资金不安全。

那么，在现金采购方式下，企业该如何执行采购操作呢？实际上，因为企业经营情况不同，所以现金管理制度也会不同，因此各企业可根据自身实际情况进行相应调整。图7-12所示的是一般情况下的现金采购流程，可参考使用。

```
┌─────────────────────────────────────────────────────────┐
│ 生产部向仓管部提交生产所需的材料物资清单，仓管部清点库存， │
│ 在库存不足的情况下向采购部提交"购货计划申请表"，交由仓管 │
│ 部主管审核。                                            │
└─────────────────────────────────────────────────────────┘
                            ↓
┌─────────────────────────────────────────────────────────┐
│ 仓管部主管审核"购货计划申请表"通过后，将该表递交给采购部， │
│ 由采购部审批购货计划，采购主管根据购货计划填写"现金申请表"│
│ 并交给采购部经理审核。                                   │
└─────────────────────────────────────────────────────────┘
                            ↓
┌─────────────────────────────────────────────────────────┐
│ 采购部经理或总监审核"现金申请表"后交给财务部审批，采购金额│
│ 超过企业规定的标准时需交给总经理审批。                   │
└─────────────────────────────────────────────────────────┘
                            ↓
┌─────────────────────────────────────────────────────────┐
│ 财会人员中的出纳组根据"现金申请表"备款，采购主管和采购人员│
│ 携款进行材料物资采购。若采购金额超过企业规定的标准，则由  │
│ 财务部派专人携款，协助采购部开展采购业务。               │
└─────────────────────────────────────────────────────────┘
                            ↓
┌─────────────────────────────────────────────────────────┐
│ 采购部收货后打印收货详情报告和供应商拷贝件，签字后交给采购│
│ 主管或财务携款人员。采购主管或财务携款人员凭订单、送货单、│
│ 收货详情报告和供应商拷贝件等资料，与财务进行冲账。       │
└─────────────────────────────────────────────────────────┘
```

图 7-12 现金采购流程

现金采购要求采购人员具有高度的采购成本意识，不论是亲自到市场中买货还是供应商送货，都要尽全力降低价格。在整个现金采购过程中，采购员可参照如下所示的要求做好现金采购工作。

①采购人员应在采购前准备好足够的备用金，同时准备好采购日记本、笔和申购单等采购必备品，或者编制好相关的采购明细表。

②采购人员采购前应先对市场中相应的材料物资行情做详细了解，并对所需采购的货品进行摸底查看，货比三家。

③采购人员应在同质及其他优惠条件下（比如可退货或可换货），以最适合的价格进行采购。

④采购人员应严格按照公司的有关规定和操作程序进行采购，相互监督，防止舞弊。

⑤采购人员应尽量满足使用部门的申购数量和特殊货品的特殊要求，以保证生产和营业所需。

⑥采购人员申领的采购现金要妥善保管，不能随意交由他人代管，没有用完的现金要及时退回给公司的财务部，不足的部分要及时向财务部申请并领受。

⑦为了规范现金使用行为，企业需要制定相应的现金采购标准，低于标准的采购金额用现金支付，高于标准的采购金额则用其他方式付款。这样可极大提高资金的安全性。

（3）预付款采购方式下怎么付款

预付款采购指采购企业先向供应商支付一定金额的货款，待材料物资到货入库后，再把剩余货款支付给供应商的一种方式。在众多采购活动中，有哪些情况是可能采用预付款采购方式的呢？如下所示。

①工程类采购。无论是大型工程还是小型工程，预付款必然存在。

②产品的定制。因为采购时很多是根据自己公司的需要定制材料或产品，所以很可能不符合常规要求，供应商是按采购企业的需求重新进行设计或生产，这个需要预付款达到资金支持效果。

③供应商占主导地位。企业采购的材料或产品在市场中出现得很少，甚至只在合作的供应商处才有，则供应商此时具有唯一性，为了与其他采购商形成购货优势，势必需要预付款。

④采购金额比较大。为了供应商和企业的交易安全，或者供应商考虑

到企业的账期问题，因而要求企业预付款。

⑤供应商与企业不在同一地区。对于第一次合作的供应商来说，他们不放心在没有任何预付款的情况下就向采购企业发货，这样他们会承担货物送出但收不回货款的风险，所以需要预付款作为双方交易的"保证金"。

采购企业在采用预付款方式完成采购货款支付时，一般的流程如图7-13所示。

```
┌─────────────────────────────────────────────────┐
│ 采购部相关人员相互协商，同时还要与供应商协商，了解其是否同意通过预付款采购 │
│ 方式收取货款。确定采用预付款采购形式后，将该决定以书面形式提交给采购部经理审 │
│ 核，采购部经理再递交给总经理审批。                          │
└─────────────────────────────────────────────────┘
                          ↓
┌─────────────────────────────────────────────────┐
│ 总经理审批通过后，采购部与供应商签订采购合同，确认采购订单，然后编制"预付 │
│ 款项申请表"，交由采购部经理审核，然后提交给财务部进行审核，财务部再提交给总 │
│ 经理审批。                                          │
└─────────────────────────────────────────────────┘
                          ↓
┌─────────────────────────────────────────────────┐
│ 总经理审批通过后，通知财务部将预付账款支付给供应商。供应商在收到预付款后积 │
│ 极备货并出具相关发票，同时向采购企业发出"交货通知"。             │
└─────────────────────────────────────────────────┘
                          ↓
┌─────────────────────────────────────────────────┐
│ 企业采购部接到供应商发来的"交货通知"后，安排接货事宜。待所有材料物资都验 │
│ 收入库后，向上级部门通知支付余款。                          │
└─────────────────────────────────────────────────┘
                          ↓
┌─────────────────────────────────────────────────┐
│ 采购部经理审核采购人员的支付余款通知，然后递交给财务部审核，财务部再递交给总 │
│ 经理审批。审批通过后，财务部负责向供应商支付余款，而采购部此时需要通知供应商确 │
│ 认收款。待供应商确认收款后，将相关发票交给采购企业的财务部，财务部做好会计记录。│
└─────────────────────────────────────────────────┘
```

图 7-13　预付款方式下的采购货款支付流程

更多模板

请购单	采购合同
采购订单	采购订单跟踪工作规范
合同签订审批表	采购交期控制制度
异常订单处理办法	采购订单跟踪管理规范